図解 即 戦力

豊富な図解と丁寧な解説で、
知識0でもわかりやすい！

人材ビジネスの

しくみと仕事が
しっかりわかる
これ
1冊で
教科書

黒田真行
Masayuki Kuroda

技術評論社

ご注意：ご購入・ご利用の前に必ずお読みください

はじめに

　日本には270万社を超える法人があり、民間・官公庁合わせて6600万人の人が働いています。そこには200種類を超える業種、500種類以上の職種、そしてさまざまな雇用形態があり、世界第3位のGDPを誇る国を支えています。この日本経済を動かすあらゆるシーンにおいて必要不可欠な「人と企業」を結び付ける使命を負う人材ビジネス業界は、今や10兆円を超える一大産業に成長しました。

　新卒、アルバイト・パートタイム、中途採用などの直接雇用の求人広告、法律の変化とともに活用機会が増えてきた人材派遣や業務請負、そして人材紹介と、人材ビジネスが拡大してきた歴史は高度成長期以降の日本の歴史そのものでもあります。

　また、2020年の新型コロナウイルス感染症問題を受けて、副業や起業などの働き方も急速に広がりを見せる中で、人材ビジネスの役割はさらに多様化し、社会への影響力を高めようとしています。

　人材ビジネス業界は、日本のあらゆる場所で「1人と1社」をつなぎ、会社や事業の未来を支え、働く人とその家族の人生に関わる仕事です。

　これからこの業界で働いてみたいと考えている方、この業界でいま働いていて、未来に向けて改善・改革していきたいと考えている方、あるいは経営者や事業家として人材ビジネスにこれから挑もうとする方……。本書はそういう皆さんのために、業界の全体像をできる限り俯瞰的にわかりやすくお伝えするためにまとめたものです。

　人材ビジネス業界への理解を深めて、「人と企業との出会い方」をよりよく進化させていくために、ぜひこの本の情報を活化していただければ幸いです。

　この本をまとめるにあたって取材やデータなど、多方面の関係者にご協力を賜りました。ご協力いただきました皆さまに心より感謝いたします。

2021年2月

黒田真行

CONTENTS

COLUMN 2

Chapter 3

労働力確保分野の主要なサービス

Chapter 4
求人広告サービスの基礎知識・組織・実務

Chapter 5

人材紹介サービスの基礎知識・組織・実務

COLUMN 5

Chapter 6

人材派遣サービスの基礎知識・組織・実務

Chapter 7

人材ビジネスのこれまでとこれから

第1章

人材ビジネスの最新動向

人材ビジネスとは、企業の「採用」と個人の「就労」に関わる、経済の基幹となるビジネスです。そのため、人材ビジネスは社会の変化と深く連動しています。本章では、働き方改革やグローバル人材、地域活性化といった、注目を集める話題について解説します。

Chapter1
01

個人のキャリア形成と
企業の労働力確保を支援する

人材ビジネスは、個人と企業のマッチングを通じて、経済活動の基盤となる
人材（ヒューマンリソース）を最適化する機能を持ちます。年々その役割は
大きくなっています。

人材ビジネス業界に起きる変化

　駅、電車内といった街中や、インターネット上で、アルバイト
の求人サイト、新卒採用の合同説明会、転職支援サービスなどの
広告が当たり前のように溢れています。Indeedやタウンワーク、
バイトル、リクナビNEXTやdodaなど、多様な求人サービスの
広告に見覚えがある人も多いのではないでしょうか。

　人材ビジネスとは、企業が求める人材をどう確保していくのか、
また、それに伴った事務作業をどう軽減させていくのか、さまざ
まなシステムを構築し解決していくビジネスです。

キャリアアップ
より高い能力を身に
付けることで仕事の
幅や裁量を広げ、自
身の経歴を高めてい
くこと。マネジメン
トを経験したり、役
職・地位が向上した
り、非正規から世紀
へ雇用形態が変化し
たり、さまざまなパ
ターンがある。

　さらに、「人材」となる労働者のスキル向上、キャリアアップ
の支援などもビジネスの内容に含まれます。「働く人」にまつわ
る多くのビジネスが、この人材ビジネス業界の範囲に入ります。

業界の変化

　ほかの業界と同様、人材ビジネス業界も、世の中の情勢に合わ
せて日々多くのことが変化していきます。人材ビジネス業界では、
いま、どのような流れが起きているのでしょうか。

働き方改革
「一億総活躍社会」
の実現に向け、長時
労働の是正や労働者
一人ひとりの事情に
応じた働き方の選択、
雇用形態に関わらな
い公正な待遇の確保
などの措置を講じる
もの。

　たとえば、「働き方改革」という言葉を目にする機会が増えま
した。一時期問題となった過酷な労働を強制する企業、いわゆる
「ブラック企業」の問題を改善する流れから、労働時間の見直し、
有給休暇や産休、育休の取得をしやすくするといった一連の法整
備などを含めた動きが「働き方改革」と呼ばれます。

　また、国内での人材不足も叫ばれるようになりました。2008
年をピークに人口が減少しており、そのうち20〜64歳の年齢層
はとくに年々減少しています。より多くの働き手を求める声はこ
れからも高まるでしょう。

▶ 働き方改革の概要

法整備
（2019年4月から
順次施行された）

❶長時間労働是正
➡月45時間・年間360時間以内、また臨時的な事情があっても複数月平均80時間以内（月100時間未満）・年720時間以内という上限が設けられる（→過労死から従業員を守る）

❷同一労働同一賃金
➡非正規雇用の待遇差が改善され、非正規雇用労働者の正規雇用労働者化が進むと、労働者はどのような雇用形態を選択しても同一の賃金を受け取ることができる

環境整備

❸テレワークや副業、兼業

❹転職支援、人材育成など

❺税・社会保障制度の見直し

❻子育て、介護、治療との両立

働き手の下支え

❼生産性向上や賃上げ
➡2018年の最低賃金時間額（全国加重平均額）から、全国加重平均で時給1000円になることを目指すなど

❽外国人材の受け入れ

❾高齢者の就業促進

ダイバーシティの推進

女性・外国人といった属性の違いのほかに、ものごとの考え方、嗜好、価値観、宗教、LGBT（性的少数者）など、さまざまな多様性を推進する

新型コロナウイルス感染症の影響で⑧を一時中断し、③のテレワーク業務に注目が集まっています

新しい働き方への移行が必要

　このように、労働環境の改善や日本国内での人手不足の解消が、人材ビジネス業界における、解決されるべき目下の課題です。

　しかし、そもそもこのような問題はどうして起きているのでしょうか。それは、日本の労働社会が高度経済成長期に生産力を伸ばしたときの方法をいまだに色濃く残し続けていることが1つの原因だと考えられます。

　戦後、手探りのまま経済を回復させた日本は、地方から多くの人手を都市に呼ぶことで生産力を高めてきました。しかし、時代が変わるにつれて世界レベルで働き方が大きく変容しています。

　テクノロジーを駆使した業務ツール、情報プラットフォーム、仕事の進め方のルールなど、働く人を取り巻く環境は激変しています。労働集約的な働き方と比べると、圧倒的に、効率的な仕事の進め方が「国力」を左右する時代になりました。これまでとは非連続な方法──つまり、新しいスタイルで「働く環境全体」を再構築することが迫られています。

労働集約
機械よりも労働者の手による仕事量が多いこと。労働生産率が低く、労働者の賃金も低くなりやすい。農業や漁業、サービス業などが「労働集約型産業」に該当する。

人のキャリアを支援する人材ビジネス

　人材ビジネスは、人と企業のさまざまな接点や機能を支援することで成立している業界です。時代に即したサービスを提供できるよう、人材ビジネス業界自体が、時代の変化を先取りした解決策を提案していく必要があります。

　過去からの経緯や慣習にとらわれず、人と企業の円滑なマッチングや生産性を高めるための技術の開発や、業務自体からむだを取り除くサービスの開発など、企業からの視点だけでは思い付かなかった創造性も求められています。

　いま目の前にある企業からの要望に応えることも大きな役割ですが、過去から現在に至る時間的な経緯や、海外と日本のギャップにも目を配り、時間軸と地域軸の両方から今後生まれるビジネスチャンスをとらえていく必要があります。

　人材ビジネスは、テクノロジー情報、グローバル視点、政策・法律など、多様な観点から経済を支える基幹業界としての大きな期待を担っているのです。

▶ 仕事の効率化を進めることが重要

従来の経営方針

 業績の向上を
目指す

 仕事の数をこなして
業績を上げる

 長時間労働・過労死など
の問題につながる

**高度成長期では、大量の労働力を長時間稼働させることにより
仕事の業績を上げていた。現在でも長時間労働に頼る企業は多く、
ブラック企業として問題視されている**

求められる経営方針

 業績の向上を
目指す

 新しいツールやデータなど
を活用して業績を上げる

 仕事が効率化され、長時間
労働問題の解決につながる

**旧型の働き方ではなく、仕事を効率化させる新しいツールや
データなどを活用することで、長時間労働問題などの解決につながる**

▶ 人材ビジネス業界で働く上で必要な情報

**業界内の企業の
業績、新サービス
など**

（例）ニュース、IR
情報など

→

**過去の歴史や変化、
これからの企業の
動向など**

（例）ビジネス書、四
季報の会社予想など

→

**顧客への十分な
サービス提供につながる**

Chapter1 02

働き方改革と 人材ビジネスのあり方

労働者が働きやすい環境を整えるために始まった働き方改革。新型コロナウイルス感染症の流行が影響して、2020年からは働き方に急速かつ大幅な変化が生じました。それに伴い、人材ビジネス業界にも変化が見られます。

人々の働きやすさを実現する働き方改革

働き方改革といえば、「働き過ぎ」を抑える政策というイメージが一般的に強くありますが、実際には労働時間法制の見直し、雇用形態による待遇の違いの改善（同一労働同一賃金など）、女性・若者が活躍しやすい環境整備、病気の治療と仕事の両立、子育て・介護などと仕事の両立、障碍者の就労といった労働環境の改善が含まれています。

つまり、人々の働きやすさを重視し、それらにまつわる問題を改善していくことが働き方改革なのです。

労働時間法制の見直し
働き過ぎの防止しながら、ワークライフバランスや多様で柔軟な働き方の実現を目指す取り組み。見直しの内容は、残業時間の上限の規制、フレックスタイム制の拡大など。

コロナ禍における変化

2020年初頭から日本でも流行した新型コロナウイルス感染症の影響は、こうした働き方改革にも影響を及ぼしています。

コロナ禍以前の働き方改革は過酷な労働環境を改善していこうという趣旨が主でしたが、コロナ禍以降は感染症拡大防止のためにリモートワークを余儀なくされ、感染症にかからないために「強制的に」働き方が変化しているといった状態になりました。

環境改善のスローガンを掲げて興った運動が、感染症の流行という自然現象によって実行に移され、今やアフターコロナ時代の１つに、働き方改革が飲み込まれているのが現状です。

リモートワークがもたらした変化としては、通勤時間の短縮があります。従来は会社から自宅までの距離が遠い人は通勤に２時間ほどかかることもありましたが、リモートワークが導入されてからは自宅内で仕事ができるため時間に余裕が生まれました。

そこで、副業もしやすくなったことから、会社員の副業への注目に拍車がかかっています。

リモートワーク
オフィスで働くことに囚われず、組織のメンバーそれぞれが自宅やカフェなどで働くこと。

アフターコロナ時代
新型コロナウイルス感染症が流行したことで感染防止を前提とした習慣・システムが定着した時代を、それ以前の時代と区別する言葉。

▶ 働き方改革と人材ビジネスの関わりの例

いかに働き方改革に取り組み、社員の働きやすさを遵守しているかは、求人に際してのアピールになる。

くるみんマーク

「子育てサポート企業」として厚生労働省から認定を受けた証。行動計画表の策定や達成、女性労働者の育児休業等取得率などの10項目が認証の基準となる。より高い標準の取り組みを保つ証として「プラチナくるみんマーク」もある

出所：厚生労働省

▶ アフターコロナにおけるビジネスの課題

新型コロナウイルス感染症の影響によりリモートワークが急速に普及し、働き方が変化した。リモートワークでの不満をいかに扱うかも今後ポイントとなる。

自宅作業によるコミュニケーション不足

＋

ビデオ通話などによる業務の監視

＋

社内での連絡不足・連携不足

新しい働き方改革

➡ 新しい制度が導入されると、必ず課題が現れる。アフターコロナの時代には、これらを解決した働き方が求められる

今後は、アフターコロナの生活様式の1つとして働き方改革が進んでいくと考えられます

終身雇用の終焉と
労働市場の変化

1960年代ごろから続いていた「終身雇用」という企業の習慣ですが、その認識が変わりつつあります。転職や起業が身近なものとなり、労働に関する選択肢も広がりを見せているのです。

◉「終身雇用の終焉」を思わせる発言

　高度経済成長を果たした1960年代ごろから、一度入った会社で定年まで働き続けるという「終身雇用」が長らくの間一般的でした。当時は社員としての経歴が長いほど給与が多くなる年功序列といった「しきたり」もありましたが、今日では様相が変わっています。

　たとえば2019年5月、日本を代表する企業であるトヨタ自動車の豊田章男社長が、記者会見内で「終身雇用は難しい」と発言したことは記憶に新しいでしょう。

　この発言は「雇用を続けている企業にインセンティブがあまりない」ことを理由に、終身雇用がかんたんにできるものではないことを示しました。

　さらに、同年4月には経団連の中西宏明会長も終身雇用を続けることの難しさを記者会見で語っていました。

　このように、経済界の重鎮が終身雇用についてネガティブな発言をしたことによって、「終身雇用の時代は終ってきた」という認識がいっそう強まりました。

◉ 転職や副業、起業をしやすくなった

　終身雇用の終焉が日本の経済状況の悪化を示す一方で、終身雇用以外の選択を行いやすくなったともいえます。

　終身雇用が当たり前だった時代では、転職にはネガティブなイメージが付きまとっていました。「みんな1つの会社で長く働いているのに、そこからドロップアウトした人」という目で見られることも少なくなかったのです。

　今では転職や副業、起業が身近な存在になったため、自分に合

インセンティブ
（外発的な）動機付け。奨励や褒賞のこと。

経団連
正式名は日本経済団体連合会。総合経済団体として、企業と企業を支える個人や地域の活力を引き出し、日本経済の自立的な発展と国民生活の向上に寄与することを使命としている。

ドロップアウト
組織や社会などから落ちこぼれること。脱落。

▶ 終身雇用が崩れる経緯

「旧型」の働き方	2020年代の課題	終身雇用の終焉
・出来高制 ・長時間労働 ・差ができにくい ・年功序列	・若手の減少 ・非効率的な労働 ・解雇するのが難しい ・才能を適切に評価できない	

▶ 終身雇用の終焉によるメリット

自分にあった職場を改めて見つけられる！

実力を正当に評価され、高い報酬を得られるチャンスがある！

転職
ネガティブなイメージが払拭されて、流動的に仕事を自由に変えることができる

起業
スキルアップし、自分自身のビジネスモデルを試すことができる

終身雇用に期待した働き方をすると不安が募りますが、考え方を変えると新しい働き方ができる時代になったといえます。労働者の気持ちに寄り添った視点をもちましょう

わない職場であれば別の会社を選びやすくなったり、自分で考えるビジネスモデルを試してみたい人は起業をしたりするなど、自分の選択肢を選びやすくなりました。

　終身雇用の終焉は、自分に合う働き方を見つけやすくなるという変化の始まりでもあるでしょう。

Chapter1
04

グローバル人材への注目と求められるスキル

近年注目を集めるのは「グローバル人材」の育成です。グローバル化は日々拡大が進んでおり、「グローバル企業」の採用を支えるべく外資系に強みを持った人材サービスも登場しています。

国際的な活躍が期待されるグローバル人材

グローバル化
グローバリゼーションともいわれる。国家や地域などの境界を越え、社会的・経済的な関連が地球規模に拡大しさまざまな変化を引き起こす現象。

　コロナ禍でその動きはいったん鈍化したものの、「グローバル化」は日々広がりを見せ、モノのみならず国家間の人の動きも加速しています。人材ビジネスにおいても、将来国際的に活躍できる人材は「グローバル人材」と呼ばれ、こうした人材の育成が励まれています。

　グローバル人材に必要なスキルとして、第一に挙げられるのは英語力です。しかし、英語ができるだけでは「グローバル人材」と呼ぶのは難しいでしょう。英語はあくまでも仕事をするためのツールであって、英語を使ってどういった仕事をしたいかというモチベーションや具体的な目標が必要だからです。

　たとえば、世界中と取引する商社で働きたい場合、どんな商品を取り扱って、どれくらいの売上をあげたいのかという目標があると、就職活動などで具体的な動機を述べやすくなります。

生活様式
ある社会の人々が共通して営んでいる生活の方法のこと、ライフスタイルともいう。ある個人や集団、あるいは文化の興味・意見・行動、行動指向を指す。ここでは、コミュニケーションの方法やマナーなど、生活における習慣などが該当する。

　さらに、日本とは異なる文化を有した人々と接する機会が多くなるため、異文化に対する理解の深さや敬意が必要です。文化というと生活様式などが想像されますが（もちろんそれも文化なのですが）、仕事の進め方などでも違いが現れることもあります。そうした場面で、なぜ仕事の進め方に違いが現れるのか、仕事のパートナー、あるいは取引先はどういった環境で仕事をしてきたのかを考える想像力や敬意が必要なのです。

外資系に強い人材紹介サービス

　人材ビジネス企業による、国内外で活動するグローバル企業の採用活動を支援する動きがあります。たとえば、エン・ジャパンの子会社であるエンワールド・ジャパンが運営するサービスの1

▶ グローバル人材に求められるスキル

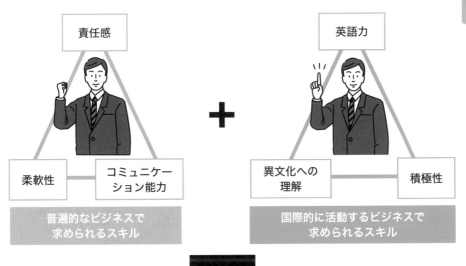

責任感

英語力

柔軟性　コミュニケーション能力

異文化への理解　積極性

普遍的なビジネスで求められるスキル

国際的に活動するビジネスで求められるスキル

普遍的なビジネスで求められるスキルと国際的に活動する
ビジネスで求められるスキルを併せ持った人材が

求められる「グローバル人材」

相手も日本の文化に理解を示そうとしてくれています。自国の文化にまつわる知識も持っておきましょう

つに「エンワールド」があります。「グローバル転職には、エンワールド」というキャッチコピーを掲げ、語学力を活かせる求人を取り揃えています。

また、ジェイエイシーリクルートメントが運営する「JAC Recruitment」、リクルートキャリアが運営する「リクルートエージェント」も外資系企業の求人に強く、人気が高いです。

外資系
海外の法人、または海外の投資家が一定の水準以上の出資をする日本の企業。一般に、海外の株主・投資家などの発言に強い影響力がある企業が「外資系企業」と呼ばれる。

Chapter1 05

地域活性化と
人材ビジネス

人材が都心に流れることで、地域企業の弱体化が懸念されています。地方で働くための情報提供を行う「地方創生」政策は人材ビジネスにも影響を与えており、働き方の提案も幅広いものとなりました。

いまだに人口は東京へ集中している

2014年、都心への人口の集中に歯止めをかけ、地方を活性化させるための政策が始まり、「地方創生」という言葉が広く知られるようになりました。

2020年4月に総務省が発表した統計によると、都道府県別での人口の多さは東京都が1位です。人口は約1392万人であり、これは日本全国の人口のうち11.0％を占めています。一方で、地方の人口については、いちばん人口が少ない鳥取県で約55万6000人。東京都の人口の約25分の1という数字です。

都市に人材が流れるということは、地域に根差して活動する企業が新しい人材を得づらくなり、弱体化してしまうことにつながります。都市部だけでなく、地方の企業も十分な労働力を確保し、活動する必要があります。

地方を活性化させるための動き

こうした都市部への一極集中を打破するために、地方企業、自治体、大学がそれぞれ協力し、地方で働くためのノウハウやその手段を提供することが、「地方創生」政策の主な目的です。こうした政府の取り組みによって、地方の活性化という点が注目を集め、人材ビジネス業界にもその影響が現れています。

地域と就職に関する言葉として、「Uターン就職」「Iターン就職」「Jターン就職」などがあります。Uターン就職とは、進学や就職で故郷から離れていた人が、再び故郷に戻って就職・転職することです。Iターン就職とは、元々都心で生まれ育った人が地方で働くことに魅力を感じ、地方で就職・転職することを指します。また、Jターン就職は、進学や就職で故郷を離れた人が、

地方創生
東京圏への過度な人口集中の是正・各地域での住みよい環境の確保を進めることにより、活力ある日本社会を維持することを目的とした政策。

都市部への一極集中
東京都産業労働局が発表した「東京の産業と雇用就業2020」によると、東京にある事業所は約62万所あり、全国にある事業所のうち11.6％を占める。また、就業者数は約800万人であり、全国の就業者数のうち13.6％を占める。

▶ 人材ビジネスによる地方創生のアプローチ

都道府県別人口と人口増減率

都道府県	2018年推計人口	
	総人口 （単位：1000人）	人口増減率 （対前年・人口1000人につき）
全国	126,443	-2.1
東京	13,822	7.2
神奈川	9,177	2.0
大阪	8,813	-1.2
愛知	7,537	1.6
埼玉	7,330	2.8
…	…	…
福井	774	-5.9
徳島	736	-9.9
高知	706	-10.6
島根	680	-7.1
鳥取	560	-8.4

出所：総務省統計局「人口推計」

東京都の人口はまだまだ増加していく

都心と地方の格差が広がっていく

地方の人口は減少傾向にある

地方で働くメリットをアピール

・生活費が安い
・地元で家族といっしょに暮らす
・都心と比べて競争率が低くビジネスチャンスがある

マッチングさせる

人材ビジネス企業

都心から地方に移動したい人を募る

・物価の高さに不満がある
・人とのつながりを大切にしたい
・都心での競争社会に疲れた

故郷とは違う地方で働くことに魅力を感じ、故郷以外の地方に就職・転職することです。

　大手の求人広告サイトなどでも地方の求人は探せますが、広島県福山市を拠点に全国の正社員・パート・アルバイトの求人情報を掲載する求人サイト「地元JOB」は、「地元で働こう！　地方に住もう！」というキャッチフレーズを掲げ、地方の求人を多く取り揃えています。

Chapter1
06

検索エンジンを利用した求人の市場拡大

新しく登場した「アグリゲーション型」の求人広告は、今後も求人広告業界に影響を与えると予想されています。とくにアメリカ発のサービス「Indeed」は世界各国で利用されており、注目を集めるビジネスの1つです。

検索エンジンの利点は掲載費が安いこと

「新しい求人広告」として注目を浴びるものはいくつかありますが、中でもアグリゲーション型（検索エンジン型）は、今後も影響力を伸ばす存在として注目を浴びています。

そもそも検索エンジンとは、GoogleやYahoo!のような、インターネット上のさまざまなコンテンツを探すためのサービスです。アグリゲーション型の求人とは、GoogleやYahoo!の求人専門だと考えるとわかりやすいでしょう。1つキーワードを検索すると、それに関連した求人が一覧となって現れる、というしくみです。

アグリゲーション型の強みは、何といっても費用の安さにあります。ほかのビジネスモデルを利用して1人を雇用したケースと、アグリゲーション型を利用して1人を雇用したケースでは、かかる費用が数十万円変わることもあるのです。

世界中で人気を集めるIndeed

この求人検索エンジンは、世界中で人気を集めています。たとえば、2004年にアメリカで創設されたIndeedは、現在50カ国で利用される巨大なサービスです。同様に、2003年にイギリスで創設されたキャリアジェットは、日本での知名度はIndeedに劣るものの、世界90カ国以上で利用されています。

また、日本発祥の求人検索エンジンとして、「食べログ」「価格.com」を運営するカカクコムが2015年に創設した「求人ボックス」があります。先述した2社に比べると始まったばかりのサービスですが、2020年5月、月間利用者数が500万人を突破し、Indeedに迫る勢いで人気を集めています。

アグリゲーション型
複数の企業が提供するサービスを集約し、1つのサービスとして提供するものを「アグリゲーションサービス」と呼ぶ。この方法を利用し、企業からの求人を募りりつつ、インターネット上の求人を収集、掲載するサービスをアグリゲーション型求人サービスと呼ぶ。

Indeed
2004年にアメリカで誕生したアグリゲーション型の求人広告サービス。日本で同サービスを展開していたIndeed Japanは、2012年にリクルートホールディングスの傘下となった。

キャリアジェット
2003年にロンドンで誕生したアグリゲーション型の求人広告サービス。

▶ アグリゲーション型求人広告のしくみ

― アグリゲーション型 ―
インターネットの検索エンジン
を利用した求人広告
キーワードを検索してそれに
関する求人を探すことができる

クリック数などを基に
広告料を請求

ほかの媒体より広告費用を
抑えることができる

企業

▶ アグリゲーション型求人広告の例

Indeed

2004年にアメリカで設立、日
本では2009年にサービスが開
始された。60以上の国と地域で
展開し、28言語での検索に対応
している。

キャリアジェット

2003年にイギリスのロンドン
で設立。その国の言葉で検索す
る必要があるが、61カ国の求人
情報を検索できる。

求人ボックス

2015年に日本で設立。「価
格.com」や「食べログ」を運営
するカカクコムが、日本国内で
展開している。

広告料を抑えられる一方で、集客後のアフターサービスは
なく、問い合わせ対応は企業自らが行う必要があります

Chapter1 07

労働者派遣法改正によって 守られる派遣労働者の立場

2020年、働き方改革の一環として労働者派遣法が改正されました。「派遣元」と「派遣先」の連携や「派遣先均等・均衡方式」と「労使協定方式」の導入によって、派遣労働者への保護が整いつつあります。

働き方改革の一環として改正された

労働者派遣法
1986年に施行された法律。時代の流れに沿って何度も改正されている。当初は業務が限定的だったり派遣期間の上限が1年だったりと、厳しい規制が敷かれていた。

2020年4月、新たに改正された労働者派遣法の施行が始まりました。同法の改正は、2015年以来、5年ぶりです。

前回の労働者派遣法の改正は「すべての労働者派遣事業を許可制にする」「派遣期間を原則上限3年にする」といった内容で、労働派遣の業界に変化をもたらしました。

2020年改正の主な変更点は2つであり、これによって「派遣元」である派遣会社と、「派遣先」である一般企業双方の手続きが変化します。

まず、今回の法改正の根幹は「同一労働同一賃金」です。

派遣先均等・均衡方式
派遣スタッフの待遇について、派遣先の従業員との均等・均衡を図るよう求める制度。

派遣登録者は、派遣先の正社員と同じ仕事をしているにも関わらず、派遣であるという立場の違いから賃金に差ができてしまうという、弱い立場にありました。そこで、新たに「派遣先均等・均衡方式」「労使協定方式」の2つの方法を導入することによって、賃金の格差の是正を図るのです。

条件に合った方法を選択できる

労使協定方式
労使協定（厚生労働省が地域、職種ごとに定める賃金を支給すること）を締結することにより派遣スタッフの待遇を確保する方式。派遣スタッフが派遣される企業の地域内における、同業種の労働者の平均的な賃金が最低限の賃金のラインとなる。

前者の方法は、派遣先の企業が、直接雇用の従業員の賃金を派遣元に公開するという方法です。その情報を元に、派遣元は派遣登録者にとって公平な賃金を与えることができます。つまり、社内で同じ業務を行っている従業員の給与を派遣会社に伝え、派遣会社はその額を元に派遣社員の給与を決めるということです。

後者は、派遣元と派遣先が協議して派遣登録者の賃金を決定する方法です。この際「一般の労働者の平均的な賃金と比較して、同等以上の賃金になるように」金額を設定する必要があります。

この制度の導入に応じて、派遣会社は派遣登録時と派遣時の2

▶ 均等・均衡待遇を確保（派遣先均等・均衡方式）

派遣先

均等・均衡

派遣先の正社員　派遣スタッフ

同じ業務を行う
正社員の待遇を伝達

派遣会社

派遣スタッフの
給与を決定

▶ 一定の要件を満たす労使協定による待遇を確保（労使協定方式）

派遣先

スタッフを
派遣

派遣会社

過半数労働組合
または過半数代表

労使協定

事業主

新しい2つの方法で派遣スタッフの保護を図る

回、派遣登録者に対して賃金に関する説明義務を負います。説明が必要な内容は、たとえば、それぞれの方式に沿ってどのような措置を取るのか、職務の内容、成果、意欲などを考慮した上でどのように賃金を決定するのか、昇給や退職金の有無といった点についてです。

　2020年4月の労働者派遣法の改正により、派遣として働く人の立場が保護されるようになったため、働きやすさがより向上したといえます。

Chapter1
08

有効求人倍率の
低下と景気の悪化

新型コロナウイルス感染症による有効求人倍率の低迷は、人材ビジネス業界にも大きな影響を与えています。似通った状況となったリーマンショック時と比較し、今後の流れを探ります。

有効求人倍率が9カ月連続で低下

有効求人倍率とは、有効求職者に対する有効求人数の割合のことです。たとえば、100人の求職者がいて、100件の求人があれば、有効求人倍率は1倍となります。この状況が変化し、求人の数が120件に増えると、有効求人倍率は1.2倍です。つまり、この数字が1倍より大きければ求人数のほうが多く、1倍を下回れば仕事が不足している状態を表します。この有効求人倍率は、完全失業率と並んで景気動向を表す指標に利用されています。

ここで、直近の有効求人倍率を見てみましょう。2019年12月分の有効求人倍率は1.57倍であったものの、翌月の2020年1月を境に連続で下降し続け、2020年9月分は1.03倍にまで落ち込みました。その大きな理由として、新型コロナウイルス感染症の影響による営業の自粛があったことなどで、雇用が下向いた点が挙げられます。

新型コロナウイルス感染症の影響が収まり始め、2020年6月ごろから営業を再開する店が増え始めましたが、それでも倍率の低下が進んでいます。そのため、今後も人材ビジネス業界は求人が不足した厳しい状態が続くと考えられます。

求職者と求人を結び付けることで利益を得る人材ビジネス業界においては、求人の減少は痛手であるため、決してよい状態とはいえません。

完全失業率
「労働力人口（15歳以上の働く意欲のある人）」に占める「完全失業者（職がなく、求職活動をしている人）」の割合。この数値が高いほど求職者が多いということになる。

景気の落ち込みには時差があることも

コロナ禍についての状況をより考えられるように、2008年に起きたリーマンショックを例に考えてみましょう。新型コロナウイルス感染症の流行とリーマンショックを比較するのは、両者が

リーマンショック
2008年に起こった世界的な金融危機。アメリカの証券大手リーマン・ブラザーズが経営破綻したことが発端となった。

▶ 有効求人倍率と景気の変動

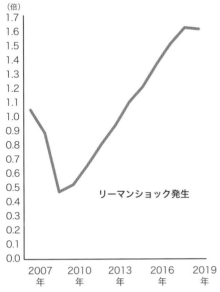

リーマンショック発生後の
有効求人倍率の推移（年平均）

出所：厚生労働省「一般職業紹介状況」

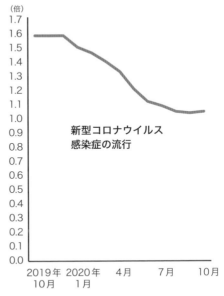

コロナ禍における
有効求人倍率の推移

出所：厚生労働省「一般職業紹介状況」

2020年10月の職業別有効求人数の変化（前年同月比）

業種	増減率
建設業	−2.5%
医療・福祉	−15.1%
宿泊業・飲食サービス業	−38.2%
生活関連サービス業・娯楽業	−35.4%

全業種の平均は−17.3%。中でも宿泊業・飲食サービス業に大きな減少が見られます

「世界規模で影響を与え」、「不景気を発生させた」出来事である
ためです。近年において世界規模で不景気を発生させた出来事は
ほかにないといえるでしょう。

　リーマンショックの場合、景気が落ち込んだのはリーマンショ
ック発生から半年が経ったころでした。この新型コロナウイルス
感染症の流行による影響も、現在はまだ影響の少ない業界にも今
後波及する可能性はあるでしょう。

ニーズに合ったサービスを提供する

生き残るためのカギは「領域特化」

人材ビジネスは不況ではありますが、今後の拡大も見込めるビジネスです。有効求人倍率の低下で今後いっそう重要視されることになる「マッチングの質」を向上させ、不景気を乗り越えましょう。

不景気を乗り切るための戦略

有効求人倍率は、年々低下しています。この数字の低下は、求職者の数よりも求人が少なくなりつつあることを表しているため、人材ビジネス業界としては痛手です。

こうした不景気を生き残るための戦力は、従来のような「大量に求人を獲得し、大量の求職者を紹介する」という「数による勝負」ではなく、いかに求職者のニーズに合わせたマッチングができるかが勝負になります。そのマッチングの1つが、これまでに説明したグローバル人材でもあります。

領域特化しサービスの質を高める

従来のモデルだと、いかに多くの求人紹介を獲得して紹介料をもらうか、という点に注力しています。つまり、求人の数か求職者が減ると利益が減少してしまいます。

一方、領域を特化して——つまりニーズを絞り、専門的な求人を扱った場合、数を競うゲームではなく質を競うようになります。

また、終身雇用が当たり前だった時代に比べて転職がしやすくなったこと、企業寿命が短縮している傾向などによって、1人あたりの求人広告、人材紹介、人材派遣の利用回数がこれから多くなると考えられます。質を高めたマッチングができれば、同じ人材ビジネス企業を再び利用する可能性が高まるため、将来的な売上も見込めます。

こうした理由から、不景気を乗り切るための戦略は、「質を高めること」、そのための方法として「領域特化」がキーワードになるのです。

企業寿命
企業の創業から倒産までの期間。1980年代に日経ビジネスがに提唱した「企業寿命30年説」が広く知られているが、東京商工リサーチの調査によると、2019年に倒産した企業の平均寿命は23.7年である。

▶ 特化型の人材紹介会社が選ばれる理由

一般的な
人材紹介会社

取り扱い業種
・販売　・IT
・事務　・不動産
・飲食　・営業

即戦力になる
人材がほしい

能力を活かせる
職場へ就職・転職
できるか不安

医療系経営者 ┃ 医療系求職者

領域特化で不安を解消

特化型
人材紹介会社

取り扱い業種
・医療　・歯科
・看護　・麻酔

▶ 特化型人材紹介会社の特徴

人材特化型

労働人口の減少を背景に、企業の需要に合わせた人材を扱うことに特化し、優秀な人材や即戦力人材を紹介できることを強みとする
(例)グローバル人材特化、女性人材特化、シニア人材特化

メリット
・特定の業種に対応した求職者が集まりやすい
・人材の管理やアプローチが行いやすい
・企業からの需要が高いため、斡旋成功率が高い

業界特化型

扱う業界を特化し、その業界への知識や経験を強みにする。事業所によっては、扱う分野を職種まで絞る企業もある
(例)医療特化、IT特化、物流特化、飲食特化

メリット
・業界経験者である求職者が集まりやすい
・顧客企業の管理や営業が行いやすい
・資格やスキルを有する職種は紹介斡旋の成功率が高くなる

IT業界、エンジニア人材などは、需要拡大が予想されます。
確実に人材が必要になる業界に特化することが重要です

コロナ禍における人材ビジネスの潮流

緊急事態宣言が
求人数や採用方法に影響

　コロナ禍は実際に求人や登録者にどのような影響を及ぼしたのでしょうか。緊急事態宣言の発令直後である4～6月は、多くの企業が求人を見合わせました。ただし、リーマンショックのときのように求人が0件になることはなく、コロナ前70％程度に留まりました。

　とくに減少幅が大きかったのは、商業施設や飲食店などの小売業、自動車などの製造業、旅行やホテルなどのサービス業です。採用においては、緊急性の低い未経験者採用をとりやめ、即戦力となる経験者募集が中心となる傾向が見られました。現在にかけても、慎重な姿勢が見られ、経験や実績を重視する傾向が強くあります。

　経済的な事情やテレワークの普及などにより、求職者側では副業の増加など、働き方が多様化しました。

　人材ビジネス全体では2020年3月ごろからマイナスの影響が現れ、緊急事態宣言直後のピークの後、回復しつつもいまだ感染拡大以前に戻っていない傾向にあります。

　多くの業種が打撃を受けている中、医療・介護、食品関連、物流業界では人材需要が拡大しました。また、高いスキルを持つ人材やハイクラス人材は、どの業界においても需要は下がらず、この層をターゲットとしたサービスは大きな影響を受けませんでした。

対面でのイベントや面談は
オンラインが主流に

　感染拡大後、人材サービスが主催する対面での求人イベントが中止、延期になりました。2020年夏以降は、大規模なイベントはオンラインまたは対面とオンラインの併用となり、地方開催の小規模イベントは完全予約制で人数を絞るなど、規模に合わせた対策が取られています。

　また、採用先の企業での面接だけでなく、人材紹介や人材派遣の登録でも、Web登録やオンラインでの面談が活用されるようになりました。求人や求職者だけでなく、人材ビジネスの業務にも変化が表れています。

第 2 章

人材ビジネスの全体像

多様な人材ビジネス業界の全容を理解するには、まず業界がどのような区分に分けられるのかを知る必要があります。「労働力確保」と「人事労務サービス」の2つの観点に大きく分け、人材ビジネス業界を俯瞰してみましょう。

人材ビジネスは「労働力確保」と「人事労務サービス」に分かれる

人材ビジネス業界は広く、業務内容も採用から教育まで多岐に渡ります。そんな「人材ビジネス」を、「労働力確保」と「人事労務サービス」の2分野に分けてとらえてみましょう。

人材ビジネスには何が含まれるか

「人材ビジネス」という言葉を聞くと、テレビでよく見る求人広告を思い浮かべる人も多いでしょう。人材派遣の登録経験がある人は、「派遣会社で登録の説明をする人」といった業務を想像するかもしれません。

しかし、こうしたイメージは人材ビジネス業界の一部に過ぎません。一口に人材ビジネスといっても、労働者と企業のマッチングに直接関わる採用の分野から、労務や教育を担当する部門まであります。

こうした分野の区分は、あまり人材ビジネス業界を語る上では分類される機会は少ないですが、本書では、人材ビジネス業界を「労働力確保」と「人事労務サービス」の2つに分けて解説していきます（36ページ参照）。

人材ビジネス業界を商社にたとえる

人材ビジネス業界の分野の違いを、ある1つの商社にたとえて考えてみましょう。商社では、商品を仕入れる取引先や、商品を卸す取引先とやりとりをしながら業績を上げていきます。これらの取引先が増えるほど案件が増えて売上があがるため、取引先の獲得を推し進めます。こうした仕事は、営業部署の人が行います。

しかし、商社に営業部署しかなければ、誰も正しく売上を把握できません。そこで、月ごと、年ごとの売上はいくらなのか、経費はいくらなのか、取引先への請求書の送付、仕入にかかる費用の支払いなどといった労務が必要になってきます。これらの仕事は、労務、経理といった部署で行われます。人材ビジネス業界全体を俯瞰すると、これと似たような分類を行えます。

労務
社内の事務的な裏方仕事を担う部署。給与計算や勤怠管理、保険手続き、福利厚生業務、労働者が安心して働くための環境づくりを行う。

▶ 人材ビジネスが展開するサービス

労働力確保
(38ページ参照)

採用

社員の採用
　・新卒採用
　・中途採用

アルバイトの採用

採用業務の方法

求人広告
　広告によって労働者を募る
　（フリーマガジン、インター
　ネット上など）

人材紹介
　労働者と面談し、
　雇用先を紹介する

人材派遣
　派遣会社の登録者に
　派遣先企業を紹介する

人事労務サービス
(48ページ参照)

事務的な事業

人事
　労働者と直接関わる業務
　（教育、研修、評価など）

労務
　事務作業が中心の業務
　（各種手続き、給与計算、
　就業規則作成など）

経理
　会社のお金の動きに関する
　業務
　（会社資産管理、損益計算表
　の作成など）

総務
　他部署で行う以外の業務
　（社内機器の保守、物品や文
　書の管理、株主総会の運営
　など）

**社内業務の外注（アウトソー
シング）は1990年代後半か
ら広がり始めた**

総合的に人材に関わるサービスを提供する

一口に人材ビジネス業界といっても、取り扱う内容は多岐に
渡ります。どの分野に立って働くかを確認しましょう

採用に関する分野と労務に関する分野

「労働力確保」分野とは、人手がほしい企業と労働力となる労働者を仲介し、企業の労働力を確保する業務のことです。この「労働力確保」の中に社員の採用（新卒採用、中途採用）、アルバイトの採用といった採用業務があります。商社の例でいう、商品の仕入先や卸し先といった取引先がこれらに該当します。

とくに、新卒採用や中途採用は、ふだんよく目にする求人広告（フリーマガジンやインターネット上で広告を出し、労働者を募る業務）や、人材紹介（労働者と面談などを行い、雇用先を紹介する業務）、人材派遣（派遣会社に登録した人に派遣先を紹介する間接雇用の形態をとる業務）といった分野に分かれていきます。

一方の「人事労務サービス」分野は、ふだん人材ビジネス以外の業種で働いていると目に見えづらいですが、労務や人事評価、教育といった、人材ビジネスに関わる事務的な事業を指します。商社の例でいう、経理や事務に該当する業務です。

厳密にいうと、この分野には人事、労務、経理、総務の4つの分類がありますが、ここではこの4つを総称して「人事労務サービス」と呼ぶことにします。

アウトソーシング事業の拡大

1990年代後半、こうした業務のアウトソーシング（社内の業務を外注すること）が拡大していきました。社内で人材に関わる担当を雇うよりも、アウトソーシングを利用したほうがコストを抑えられるためです。この時代にアウトソーシング事業を手広く行っていたのは、現在でも人材派遣の企業として活躍するパソナ（当時の社名はテンポラリーセンター）でした。フルタイムではなく、子育てや勉強をしながら働きたい人と、短期間での労働力を求める企業があることを知った創設者は、1976年にテンポラリーセンターを設立しました。

人事労務サービス外注委託は、現在人材派遣だけでなく、クラウドソフトなどの利用も行われています。

このように、人材ビジネスには大きく分けて2つの分野があることを知っておきましょう。

人事評価
企業の目標や従業員の能力、労働生産性を比較し、具体的かつ定期的な手順を経て、従業員を公正に評価すること。昇進や報酬査定を決定する一要因となる一方で、従業員1人ひとりの行動と成果、将来の可能性などを把握するためにも活用される。

フルタイム
企業で定められる正規の時間帯を全時間帯勤務する労働者、またはその働き方のこと。

クラウド
ハードウェアの購入やソフトウェアのインストールを必要とせず、ネットワークの経由でユーザーにサービスを提供する形態のこと。

▶ 人事労務サービスが取り扱う主な業務

人 事

- 評価
- 昇給、昇格制度の管理
- 研修
- 教育
- 人材発掘
- 組織風土づくり

労 務

- 給与計算
- 社会保険の加入手続き
- 交通費計算
- 就業規則の作成
- 入退社の手続き
- 安全衛生管理

経 理

- 掛金の管理
- 現金、預金管理
- 預貯金の管理
- 決算書業務
- 税務申告
- 資産管理

総 務

- 備品や機器の保守
- 物品の管理
- オフィスの管理
- 文書管理
- 株主総会の運営
- 社内イベントの運営

▶ アウトソーシングを利用することのメリット

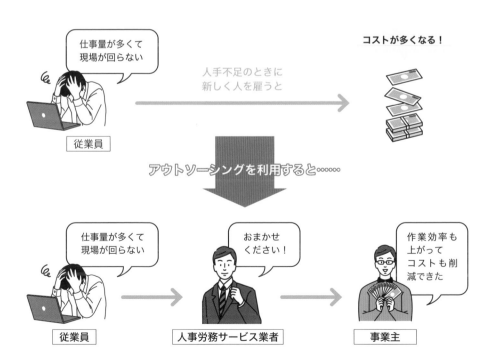

Chapter2 02

人材ビジネスの採用分野 「労働力確保」に関するビジネス

「労働力確保」を担うのは、求人広告・人材紹介・人材派遣の3つです。これらは成功報酬制が基本となったビジネスでしたが、1970年代を境に、報酬形態に変化が現れました。

時代とともに変化するビジネスのスキーム

34ページでも紹介したように、「労働力確保」のビジネスは、正社員やアルバイトとして仕事を探す人と、新規採用を希望する企業を結び付ける業務です。つまり、採用を希望する労働者と企業の双方を獲得しなければいけません。その方法として、求人広告と人材紹介、人材派遣という3つの柱があります。

求人広告とは、新規採用を希望する企業が広告を出して労働者を探す方法です。アルバイトの採用ではこの方法がもっとも多く利用されます。求職者は無料で利用できる上、広告の一覧から自分に合った仕事を探せるので、気軽に利用できます。

人材紹介は、一度人材紹介会社の社員と求職者が面談を行い、適性などを確認しながら就職先を紹介するという方法です。求職者にとっては、求人広告と比べると面談という手間がかかってしまいますが、その分面談で適性を判断してもらえたり、アドバイスを受けられるというメリットがあります。これら2つの「確保」方法は、職場と直接的に契約を結ぶ「雇用」の分類です。

一方で、人材派遣は職場と雇用契約を直接結んでいない間接雇用の形態をとっており、本書ではこうしたモデルを「非雇用」と呼びます。人材派遣における流れとしては、求職者が人材派遣会社に登録を行い、派遣先を選ぶことで、職場が決められます。

こうした事業は、求職者や企業にアピールするため、時代とともに「事業の戦略」を変化させ、民間職業紹介経由の就職者数はここ十数年でも増えてきています。

そして現在もその戦略の変化の真っ只中にいます。現在のビジネスのスキームを知るためにも、過去にどのようなスキームがあったのかを知っておきましょう。

事業の戦略
ここでは、人材ビジネスにおけるターゲットの変化、求職者へのアプローチ、報酬制度の変化などを指す。

▶ 「労働力確保」の3つの柱

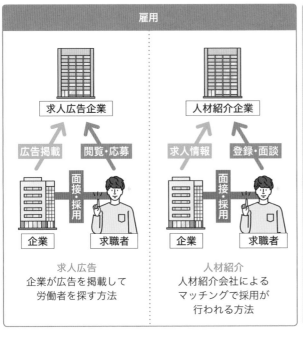

雇用		非雇用

求人広告企業

広告掲載　閲覧・応募

面接・採用

企業　　　求職者

求人広告
企業が広告を掲載して
労働者を探す方法

人材紹介企業

求人情報　登録・面談

面接・採用

企業　　　求職者

人材紹介
人材紹介会社による
マッチングで採用が
行われる方法

人材派遣企業

求人情報　登録

派遣

企業　　　求職者

人材派遣
人材派遣会社に登録した
労働者が派遣される方法

▶ 民営職業紹介経由の入職者数の推移

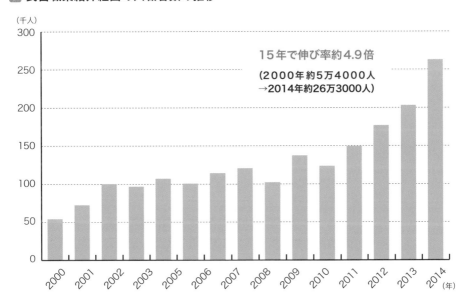

（千人）

15年で伸び率約4.9倍
（2000年約5万4000人
→2014年約26万3000人）

300
250
200
150
100
50
0

2000 2001 2002 2003 2005 2006 2007 2008 2009 2010 2011 2012 2013 2014 （年）

出所：厚生労働省「雇用動向調査」

前課金制という新しい手法

　日本での人材ビジネス、とりわけ人材紹介における報酬形態は、成功報酬制が基本でした。つまり、求職者を企業に紹介したうち、実際に採用された人の分だけの報酬を紹介先の企業からもらい、採用しない人を紹介されても報酬は払わない、ということです。

　しかし、1977年になると、人材情報センター（現リクルートキャリア）が、人材紹介サービスにおいて前課金制を導入し始めました。これは、採用の可否に関わらず、紹介した時点で前受金を請求するという方法です。すでにヘッドハンティング式の採用では利用されていましたが、これが人材紹介でも応用されたのです。警備会社で前課金制を導入したことで成功した、という前例が、人材紹介サービスにおいても前課金制を導入するきっかけになりました。その結果、1980年代には、「TRS」の誕生など、この前課金制の採用手法が急速に拡大していきます。

インターネットの登場による影響

　1990年代になると、インターネットの普及が人材ビジネス業界にさらに新しい動きをもたらします。

　インターネットでの求人広告が開始されたことで、インターネット上での求職者との連絡、求人企業との連絡が急速に増加しました。また、求職者からの応募も増えていったことで、人材ビジネス企業にかかる作業の負担が重たくなります。求人広告も前課金制が一般的になりましたが、採用の可否に関わらず広告掲載の費用が出ることに悩む企業の声も出てきました。

　そこで、手書きでの管理をやめてパソコンを利用したり、応募から採用までの流れをワークフローとして表し、業態の可視化が行われたりしました。そうすることで、採用にまつわる業務負担が軽減されました。

　さらに、2000年代になると、前課金制のデメリットを克服した、成功報酬制の求人広告も誕生しました。現在、大手求人広告サービスは前課金制ですが、一部の求人広告サービスでは現在でも成功報酬制で運営されています。

前課金制
求人広告を掲載する際、掲載期間に応じて事前に費用を支払う制度。採用人数が0人でも10人でも、かかる費用は変わらない。

ヘッドハンティング
ある企業に務めている優秀な人材を、スカウトによって自社に引き入れること。経営者、経営幹部、それに準ずるミドル層が主なターゲットとされる。

▶ 人材紹介における前課金制の導入

導入以前

日本の人材紹介では、採用決定後に報酬を支払う成功報酬制が主流だった

1977年

人材紹介で前課金制を導入

人材情報センター※が前課金制での人材紹介を開始し、採用の可否に関わらず前受金の請求が可能になる。

人材1人につき
・募集広告費（前払い）14万円
・成功報酬（後払い）7万円
・紹介者の月額給与の60%
を導入当初の請求額としていました

1980年

「TRS」の誕生

前課金制の人材紹介を「TRS（トータル・リクルーティング・システム）」として人材情報センターが商品化。
採用目標人数に関わらず1年単位で契約をし、前払い広告料480万円、1人採用ごとに26万円・法定紹介料を請求。
人材情報センターの成長を支えた。

1993年

人材紹介で成功報酬制がベースになる

全課金制が拡大したことにより、紹介可能な求職者を上回る受注を受けることになる。そうした状況を打破するため、正式に人材紹介で成功報酬制が全面的に導入された。

2000年代

求人広告でも成功報酬制が始まる

前課金制が一般的だった求人広告においても、成功報酬制を採用したサービスが登場した。しかし、求人広告会社にとって報酬を得ることが難しくなるため、多くは用いられていない。

※現リクルートキャリア。2012年に社名を変更

Chapter2 03

「労働力確保」のビジネスモデル①
インターネット求人広告

インターネット求人広告はもっともポピュラーな求人方法といえます。1990年代から開始されたこのサービスですが、報酬形態や求職者の質の向上など、今なお変化を続けています。

もっともメジャーなビジネスモデル

　求人広告の中でもっとも目にするモデルが、このインターネット求人広告です。1990年代のインターネットの普及とともにサービスが開始され、インターネット上ですぐに求人を閲覧、応募できる手軽さから利用者が増加しました。

　前課金制が基本であり、掲載する期間によって金額が異なります。当然、長く掲載するほどコストがかさんでしまいます。

　また、インターネット求人広告に求人を出しても必ず採用できるわけではないので、もしも1人も採れなかった場合は、ただ前受金を支払っただけになってしまいます。とはいえ、もっともポピュラーな求人方法であり、大手のインターネット求人広告サイトであればアクセスもよいため、よく利用されます。

求人広告の欠点を補う成功報酬型求人広告

成功報酬型求人広告
仕事によって依頼者が求める結果を得られた際にのみ報酬を支払うことを成功報酬という。求人広告の場合、広告によって採用が決まった際に報酬が発生する。

　成功報酬型求人広告は、前課金制の求人広告のデメリットをカバーする目的で誕生した後発的なモデルです。このモデルを採用する人材ビジネス企業は、採用成功まで報酬が得られないというリスクを背負うことから、多くは普及していません。

　成功報酬は1人の報酬につき50〜100万円ほどです。求人を出す企業にとっては、人材紹介に比べてかなり安価であることや、前受金が掛け捨てになるリスクがないといった魅力があります。

高い質の求職者を探せる求職者DBスカウト

求職者DBスカウト
企業が人材企業の持つデータベースを閲覧し、そこに登録された求職者をスカウトする方法。企業が主体となって採用活動が行われる。

　求職者DBスカウトとは、求職者の情報が登録されたデータベース（DB）を利用してスカウトを行うモデルのことです。

　求職者が会員登録をすると、その人材企業のデータベースに登

▶ 成功報酬型求人広告のしくみ

| 登録・広告掲載開始 | 募集 | 面接 | 採用 | 就業開始 |

無料

採用が決定して初めて料金が発生

手数料は高値だが、求職者をじっくりと選びたい企業に適している。採用に
至らなければ、人材紹介会社は報酬を得ることができない

> 求職者からの応募があった時点で手数料を請求できるタイプも
> あります。採用時に請求するタイプに比べて安価なため、採用
> 率が高い企業には適しているといえます

▶ DBスカウトのビジネスモデル

録されます。このデータベースは、課金によって求人企業が閲覧
できるようになっています。データベースから気になる求職者を
見つけた企業は、人材企業を介してスカウトし、求職者から応募
を希望する返事がくることで面談までできます。

　このサービスでは求人企業が主体的であるため、求職者はアピ
ールできるスキルなどがあれば有利です。求人企業にとっては、
質の高い求人を行いたい場合に有効ですが、求職者からの返信が
こずに結局採用に至らないケースも見られます。こうしたDBス
カウトには、**ビズリーチ**ほか多数の企業が参入しています。

ビズリーチ
2009年に設立。転
職層をターゲットと
した人材紹介サービ
スなどを展開してい
る。

Chapter2 04

「労働力確保」のビジネスモデル② 人材紹介

人材紹介会社の主な役割は、求職者と求人企業をつなぐことにあります。求職者の厳選を行うため、やや高価な報酬を得られることが特徴です。データベースを利用してスカウトを行うこともできます。

成功報酬型人材紹介

人材紹介とは、人材紹介会社に登録した求職者が、人材紹介会社の担当者と面談を行った上で応募する企業を選ぶ、というモデルです。求人を出す企業は、求人の詳細を人材紹介会社に伝え、求職者の紹介を待ちます。

成功報酬制がもっともポピュラーですが、求人者の紹介を厳選しているという手間をはさむため、報酬はやや高めになります。報酬は、採用決定者のおおよその年収に、人材紹介会社が設定する紹介手数料率をかけた金額です。たとえば、採用決定者の年収の見込みが350万円であり、料率が30％だった場合、手数料は105万円です。42ページで紹介した成功報酬型求人広告と比較すると、やや高価です。

エージェント向け成功報酬DBスカウト

成功報酬DBスカウトとは、42ページで紹介した求職者DBスカウトの派生版です。求職者DBスカウトでは、企業がお金を払ってデータベースを閲覧していましたが、このビジネスモデルでは、企業のかわりに人材紹介会社がデータベースを閲覧し、企業に求職者を紹介するという流れです。

人材紹介会社がデータベースを閲覧する費用は前課金制ではなく、成功報酬型です。そのため、企業と求職者の間に入る人材紹介会社は、コストをかけずに収益を上げやすくなっています。

43ページで紹介したビズリーチは、初めは人材紹介会社に向けたデータベースを作成していました。

近年では事業を拡大させ、人材紹介会社を通さずに直接企業に人材を紹介するモデルも始めています。

紹介手数料率
人材紹介においては、上限は50％。相場は35％程度とされているが、契約時の内容次第で低めに設定することもある。

成功報酬DB スカウト
企業から依頼を受けた人材紹介会社が、求職者の情報がまとめられたデータベースを閲覧し、その中から企業に適した人材を紹介する方法。求人データベースの開発・運営に注力する人材企業もある。

▶ 紹介手数料額の平均金額

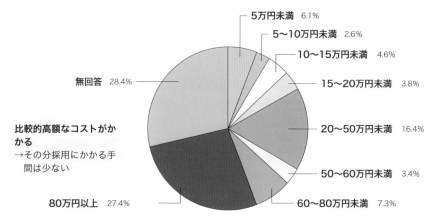

- 5万円未満 6.1%
- 5〜10万円未満 2.6%
- 10〜15万円未満 4.6%
- 15〜20万円未満 3.8%
- 20〜50万円未満 16.4%
- 50〜60万円未満 3.4%
- 60〜80万円未満 7.3%
- 80万円以上 27.4%
- 無回答 28.4%

比較的高額なコストがかかる
→その分採用にかかる手間は少ない

※1　1283人からの回答
※2　調査結果の比率は、その設問の回答者数を基数として、小数第2位を四捨五入して算出している。数値を四捨五入して表示しているため合計が100%にならない場合がある

出所：厚生労働省「職業紹介事業に関するアンケート調査」

▶ 成功報酬DBスカウトのしくみ

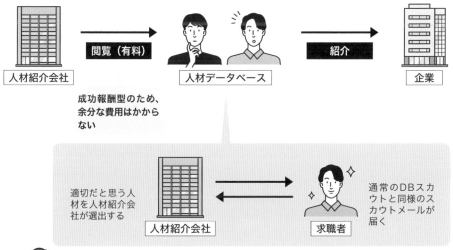

人材紹介会社 → 閲覧（有料） → 人材データベース → 紹介 → 企業

成功報酬型のため、余分な費用はかからない

適切だと思う人材を人材紹介会社が選出する

人材紹介会社 ⇄ 求職者

通常のDBスカウトと同様のスカウトメールが届く

求人広告や人材派遣よりもコストが割高ですが、その分、企業側の負担も減少できます

Chapter2 05

「労働力確保」のビジネスモデル③ エグゼクティブサーチ

ベテランや重役を狙ってヘッドハンティングを行う「エグゼクティブサーチ」は、海外の企業で多く採用されている手法です。同様に、Indeedのような「アグリゲーション型サイト」も、海外でその力を伸ばしています。

海外で多いエグゼクティブサーチ

スカウトの中でも、経験豊富なベテランや重役をターゲットとした種類があり、これをエグゼクティブサーチといいます。

このモデルでは、企業から求人依頼を受けた人材ビジネス企業が、条件にあった人材を探してリスト化し、他社からヘッドハンティングする流れで紹介が行われます。

一見ほかのビジネスモデルと同様に見えますが、紹介する人材が転職を希望する求職者ではないこと、また、キャリアを積んだ優秀な人材が紹介されることが多いことに違いがあります。

ヘッドハンティングにはほかのモデルとは違う労力が必要な上、エグゼクティブサーチ型は優秀な人材をターゲットにしているため、報酬は700万円～1000万円はかかることがあります。

海外ではこうしたモデルが多く活用されています。

エグゼクティブ

上級管理職。経営に携わる幹部。これらの層をターゲットとしたエグゼクティブサーチが日本で活用され始めたのは1970年代から。とくに、2000年以降になって広がりを見せた。

アグリゲーション型サイト

アグリゲーションとは、集めるという意味の言葉です。このビジネスモデルでは、企業から依頼されたものだけでなく、検索エンジンを活用して、あらゆる求人広告を一挙に掲載できます。

基本的には無料で求人広告を出せますが、サイト独自のしくみにより、無料求人広告は検索結果の上位には出ないようになっています。優先的に表示されるのは有料枠の求人です。

ただし、有料枠でも価格はほかのモデルより安価です。予算は基本的にクリック単価で決まり、単価は約15円～1000円未満の間で自由に設定できます。

クリック単価が100円、クリック数が300回、応募者が30人、採用者が1人の場合、採用にかかる費用は3万円のみです。

クリック単価

広告が1回クリックされたときに発生する費用。求人情報の内容のマッチ度、求人情報を出している競合の数、広告を出す時期などによっても変動する。

▶ エグゼクティブサーチサービスが利用されるポジション・採用案件（アメリカの例）

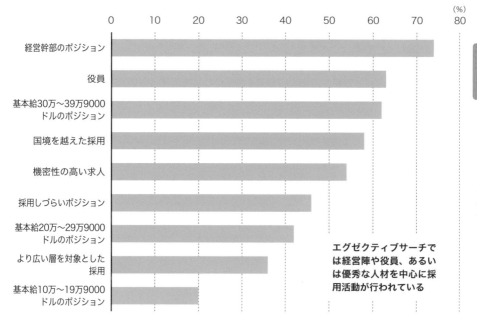

エグゼクティブサーチでは経営陣や役員、あるいは優秀な人材を中心に採用活動が行われている

出所：“Executive Talent 2020”,Association of Executive Search and Leadership Consultants を元に作成

▶ アグリゲーション型サイトのビジネスモデル

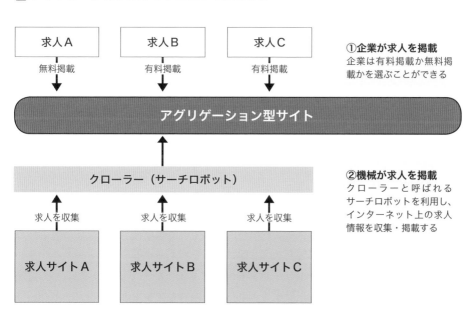

①企業が求人を掲載
企業は有料掲載か無料掲載かを選ぶことができる

②機械が求人を掲載
クローラーと呼ばれるサーチロボットを利用し、インターネット上の求人情報を収集・掲載する

Chapter2 06

人材ビジネスの事務的事業分野「人事労務」に関するビジネス

「人事労務サービス」は人材に関わる間接的な業務を代行するサービスで、人事・労務・経理・総務の4つもこれに該当するものです。人事部の業務改善や負担軽減に役立つこのビジネスは、今後の拡大が見込まれます。

人事、労務、経理、総務の4つの柱

「人事労務サービス」分野とは、人事、労務、経理、総務などの間接部門の人材にまつわる業務を代行するサービスを指します。雇用以外の人材サービスととらえればよいでしょう。中でも、人事と労務は合わせて「人事労務」と呼ばれることもあり、同じ業務だと思われがちですが、厳密には業務内容が異なります。

人事とは、教育、研修、評価など、労働者と直接関わる業務を指します。一方、労務では給与計算、社会保険の加入手続き、交通費計算、就業規則の作成、入退社の手続きなどを行います。

また、経理では会社のお金の動きがを管理する業務を行います。たとえば、仕入や売上、預貯金などの会社資産、貸借対照表や損益計算表の作成などです。

総務では、社内の備品・機器の保守、物品の管理、文書管理、株主総会の運営など、他部署で行われる以外の業務が該当します。

こうした業務は会社内に担当の部署がありますが、外部サービスを利用して業務改善・負担軽減を図る動きもあります。

外部組織に依頼して社内の負担を減らす、いわゆるアウトソーシングとして人事・労務を行う業者を、本書では「人事労務サービス」分野であると定義付けます。

「人事労務サービス」分野で働くこと

本書では「雇用」分野を中心に解説しますが、「人事労務サービス」分野もこれから拡大していく可能性があります。人を雇うより、外注したほうがコストを抑えられることがあるためです。

クラウドサービスを活用する新しいモデルも登場し、「外注先の企業に出勤する」以外の働き方もできるようになりました。

貸借対照表
事業年度末の決算に際して作成される財務諸表の1つ。資金調達の方法や、調達した資金の運用方法を確認することができ、財政状況の客観的な把握に役立つ。

損益計算表
1年間でどのくらい儲けがあったのか、または損をしたのかといった経営成績を表す目的で作成される決算書の1つ。収益の獲得に対する人件費・家賃などから、損益を把握できるようになっている。

▶ 企業におけるクラウドサービスの利用動向

企業におけるクラウドサービスの利用率

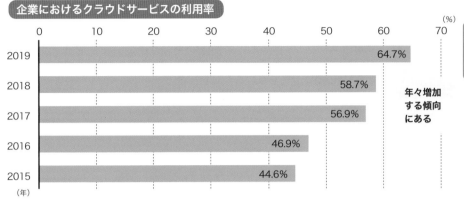

※値は、回答の「全体的に利用している」と「一部の事務所または部門で利用している」を合計したもの
出所：総務省「通信利用動向調査」

企業におけるクラウドサービスの利用内訳（2019年）

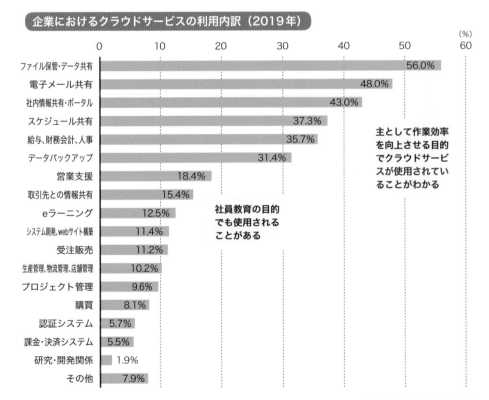

出所：総務省「通信利用動向調査」

Chapter2
07

急成長する「人事労務」に関するビジネス

当初はネガティブなイメージを抱かれていたアウトソーシングですが、1989年に大手企業が導入を開始したことで、コスト削減に有効な方法であると印象が改まりました。

1990年代から日本でアウトソーシングが広まる

1960年代、アメリカで「アウトソーシング」という新しいサービスが開始されます。当初は「生産力の低い会社が利用するサービス」という認識でしたが、1989年、大手企業のコダックが情報処理部門をアウトソーシングしたことをきっかけに、大手企業でも利用する便利なサービスだという認識が広がりました。

日本で大企業がアウトソーシングを始めた例としては、1979年、セブン-イレブン・ジャパンが野村総合研究所に情報システム部門の業務を全面委託したことが挙げられます。情報システム部門は、インターネットにおけるサーバーやネットワークを正常に稼働させるための部門ですが、1990年代になると「人事労務サービス」分野においてもアウトソーシングが始まりました。

ここで大きな役割を果たしたのが、パソナです。主婦の再就職支援を目的に設立されたこの会社は、1990年代後半、アウトソーシング事業を手広く始めました。

このころになると、経理や人事などをアウトソーシングすることによる費用対効果が認められるようになり、人材派遣は「経理などの事務作業の負担を軽減させる方法」として認識されるようになります。

業務の効率化が期待できる

アウトソーシングの導入により期待できることは、業務の効率化です。社内にはない専門能力を外部から取り入れることでコア業務に集中できるため、生産性の向上を目指せます。また、効率化による工数削減によって、コスト削減も可能です。

コダック
イーストマン・コダックの通称。世界最大規模の写真用品メーカーで、アメリカに本拠を置く。世界初のデジタルカメラを開発したことで知られる。

野村総合研究所
NRIの通称で知られる。企業の戦略策定・業務改革などに関するマネジメントコンサルティングや、政府や官公庁から委託された調査や政策提言を行っているほか、ITサービス事業も展開する。

コア業務
業務の中でも、利益に直結する重要な業務。反対に、利益には直結せず、コア業務のサポートとなる業務はノンコア業務と呼ばれる。

▶ セブン-イレブンが野村総合研究所に依頼した業務

受発注ネットワークシステム

セブン-イレブンと野村総合研究所で専用ネットワークを構築。発注からベンダー配達にかかる時間を、翌々日配送から翌日配送へ短縮することに成功した

POSシステム

日本初のPOSシステムで売れ行き分析・プログラムのスリム化などを行い、業績を支える。全商品へのバーコード印刷では、各メーカーに理解を促した

公共料金収納代行サービス

電力を中心に、公共料金収納代行サービスを開始。コンビニエンスストアの利便性をもって野村総合研究所が東京電力へ提案し、実現に至った

▶ アウトソーシングを導入してよかった点

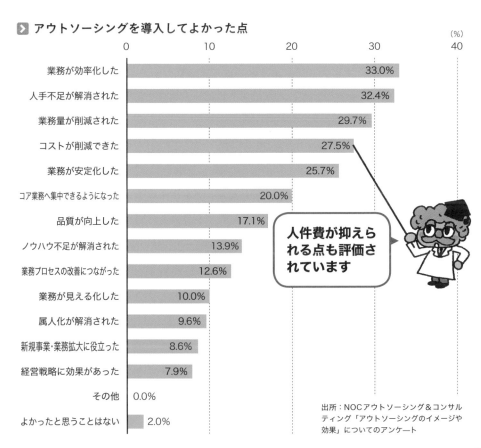

項目	割合
業務が効率化した	33.0%
人手不足が解消された	32.4%
業務量が削減された	29.7%
コストが削減できた	27.5%
業務が安定化した	25.7%
コア業務へ集中できるようになった	20.0%
品質が向上した	17.1%
ノウハウ不足が解消された	13.9%
業務プロセスの改善につながった	12.6%
業務が見える化した	10.0%
属人化が解消された	9.6%
新規事業・業務拡大に役立った	8.6%
経営戦略に効果があった	7.9%
その他	0.0%
よかったと思うことはない	2.0%

人件費が抑えられる点も評価されています

出所：NOCアウトソーシング＆コンサルティング「アウトソーシングのイメージや効果」についてのアンケート

Chapter2 08

「人事労務」のビジネスモデル①
キャリア形成支援・採用業務代行

今後のキャリアについて相談を行う「キャリア形成支援」や採用に関する業務をかわりに行う「採用業務代行」は、人事労務サービスの1つです。キャリア形成支援の一環としてキャリアアップ支援が行われる場合もあります。

大学などで行われるキャリア形成支援

キャリア形成支援とは、その名の通り、今後築き上げていくキャリアについて相談や支援を行うことです。もっともイメージしやすいのは、大学にあるキャリアセンターかもしれません。大学職員がエントリーシートや面接の指導をするなど、進路の相談を行うことで大学生のキャリアの形成を支えていくサービスです。

大学内のキャリアセンターは、大学職員がサービスを提供しています。しかし、大学職員の多くは転職など経験したことがなく、アドバイスが偏ってしまう可能性があります。そこで、「講師」という形で、人材ビジネス企業の社員が学生のキャリア形成の補助をすることもあります。

人材派遣会社においては、労働者派遣法に記されたキャリアアップ措置に基づいて、キャリアアップ支援が行われます。派遣会社によっては、登録時に「現在」と「将来（２～３年後）」の就業体系の希望をヒアリングし、本人の希望を把握することもあります。そうした登録者の希望を踏まえ、派遣先での直接雇用や常用雇用ができるような教育訓練が行われるのです。

教育訓練の具体例では、ｅラーニングが挙げられます。オフィス内にｅラーニングを行えるスペースが設けられていることもあるため、自宅にインターネット環境がない場合も学習可能です。

人事担当者の負担を軽減する採用業務代行

入社した社員のスキルを磨く人材育成ですが、その前段階である「採用」から企業を支えるのが採用業務代行のサービスです。

企業の人事部では、募集要項の作成、応募者の履歴書の確認、面接担当者とのスケジュール調整、筆記テストや面接結果の整理

エントリーシート
選考に用いる書類。志望動機や自己PR、学生時代に取り組んだことなど、選考に必要な項目が設定されている。

キャリアアップ措置
厚生労働省の発表により義務化された内容には、「対象となる派遣労働者のキャリアの形成を念頭に置いて派遣先の業務を選定する旨を明示的に記載した手引を整備していること」「雇用するすべての派遣労働者が利用できる、派遣労働者の職業生活の設計に関する相談窓口を設けていること」などがある。

▶ 人材派遣会社のキャリア形成支援・スキルアップ支援の例

派遣先へ直接雇用を提案

一定期間以上継続して活躍している登録者が直接雇用を強く望む場合、派遣先企業に直接雇用の打診を行う。契約更新の際は次回契約の短期的状況掌握だけではなく、中長期的な意向・志向の確認もする

人材派遣会社A

小冊子の作成

ネット環境がない登録者もいるため、登録時に「スタッフノート」という小さい冊子を配布。制度の説明や就業規制などが書かれていて、基礎的なことを勉強してもらうようにしている

人材派遣会社B

志向・能力の把握

登録時に「現在」と「将来（2〜3年後）」の就業形態の希望とその理由を聞くことで、その後のフォローに活かしている。スキルチェックと適性検査も実施している

人材派遣会社C

就業中のフォロー

定期的に満足度調査を実施。「業務内容や職場環境に満足しているか」「今の仕事をやめたいか、1年後に正社員になりたいか」など、働き方の志向を把握できるようになっている

人材派遣会社D

出所：日本人材派遣協会「派遣労働におけるキャリアアップ支援事例集」を元に作成

など、さまざまな業務が発生します。それによって、採用戦略の構築や内定者のフォローなど、本来重要とされる業務へ十分に手を回せなくなってしまうこともあり、そうした状況を回避するために採用業務のアウトソーシングが利用されます。

　また、企業にとっては、採用業務代行を利用することで社外から採用に関する専門知識を取り入れることにもつながります。

Chapter2 09

「人事労務」のビジネスモデル②
人事コンサルティング・社員研修

人事に関する問題解決に特化した「人事コンサルティング」のサービスがあります。また、社内研修も外注することで、各事業の専門的スキルの向上、高年齢社員の勤続意思の有無の確認などを行うことが可能です。

人事領域に特化したコンサルティング

　一般的にコンサルタントというと、会社経営の問題を見つけ出し、解決案を出して問題改善に取り組むという仕事を指します。その対象を人事に絞った人事コンサルティングという業種があり、経営の問題解決ではなく、人事についての問題解決が図られます。業務の効率化、報酬制といった新しい制度の導入といった業務、採用のノウハウがわからない企業への支援から、Ｍ＆Ａ（会社の合併、買収）後の人事部の統合についてなど、幅広い内容を扱います。

　取り扱う内容が人材にまつわることでありますが、業務の内容や必要な能力については、一般的なコンサルティングと変わりありません。

新入社員だけではない社内研修

　社内研修は、内定を出した大学生に、大学在学中に行う内定者研修や、入社したばかりの新入社員への研修が代表的です。また、新入社員だけでなく、キャリアを積んだベテラン社員に対しても、英語などのスキルアップを促進させるなど、事業ごとによる専門的なスキルの向上を目的としたものもあります。

　たとえば、キャリアプラン研修といって、適性テストやキャリア・カウンセラーによる分析、支援などを行うものもあります。

　定年退職間近の社員に対しては、再雇用制度などの措置を考慮したセカンドキャリア研修があります。とくにこれから定年退職する世代は、セカンドキャリアという意識が薄い人が多いため、こうした研修が用意され、意思や希望を確かめる必要があります。

再雇用制度
定年を迎え退職扱いとなった労働者を再び雇用することで、雇用を延長する制度。雇用形態や給与、役職や勤務時間などの労働条件を変更して契約し直すことが一般的。定年を設けていない企業の場合、契約のし直しは不要。

セカンドキャリア
第二の人生における職業のこと。元々は、引退したプロスポーツ選手が未経験の職種に就くことを指す言葉だった。

▶ 社内研修の種類と目的

人材ビジネスの全体像

新人育成

新卒者向け研修	基本的なビジネスマナーから実践的な内容まで広範囲にわたった、数カ月かけて行われる研修
中途採用社員向け研修	社会人経験がありビジネスマナーが身についていることが多いため、実践的な業務内容を学ぶ研修

スキル向上

コミュニケーション研修	円滑なコミュニケーションを図るための方法やノウハウを習得する研修。グループワークやロールプレイなどの手法が用いられる
リーダーシップ研修	求められるリーダー像を明確にし、リーダーシップを発揮するための研修。新たに管理職に就任した社員を始め、すでに管理職として活躍している社員も対象となる
交渉技術研修	「交渉力」「コミュニケーション能力」の基礎を学び、実践的なスキルアップを図る研修。「社内」「顧客」におけるコミュニケーションを改めて問い直す意味も持つ
ヒアリングスキル研修	必要な情報を多く聞き出すための基礎的技能を習得するための研修。仕事で重要な「聴く」ためのスキル向上を目指す

リスクマネジメント対策

情報セキュリティ研修	情報セキュリティに関するリテラシー向上・統一を目指す研修。情報漏洩やサイバー犯罪を未然に防ぐ役に立ち、また、近年ではテレワークやリモートワークの導入にあたって不可欠なものとなった
ハラスメント防止研修	パワハラやセクハラなどのハラスメント行為を未然に防ぐための研修。基準を明確にするためにさまざまな事例を交えながら紹介すること、役職を問わず幅広い社員を対象とすることが理想的とされる
労務管理研修	労働基準法を始めとした法令の基本を理解し、正しい労務管理に役立てつための研修。管理職だけでなく一般社員も含めた全体研修とすることで、「働き方」に対する社内全体の意識を高める効果も期待できる

セカンドキャリア形成

セカンドキャリア研修 （リカレント研修、シルバー人材・高齢者活躍推進研修）	「生涯仕事を続けたい」と望むミドル・シニア層が、セカンドキャリアを形成できるようサポートする研修。職業能力や適性を改めて認識させ、セカンドキャリアへのモチベーションアップを図る

Chapter2 10

「人事労務」のビジネスモデル③ 給与計算・福利厚生サービス

給与計算のアウトソーシングには計算ソフトが利用されるという特徴があり、実際に取り入れている企業も少なくありません。また、福利厚生を充実させるサービスも幅広く展開されており、今後の普及に期待できます。

給与計算ソフトを利用して作業負担を軽減

　給与計算は、細かいルールが多く存在する上に、社員数が多ければその分作業が増えてしまいます。そのため、給料日前になると給与計算のためにほかの作業が止まってしまう、という問題が発生します。この問題の解決策として、給与計算のアウトソーシングサービスが始まりました。

　これは、ほかのサービスとは違い、自動で計算するソフトが利用されます。給与に関する業務を外注する、と聞くとセキュリティ面などからネガティブなイメージを抱きそうになりますが、ビジネス・プロセス・アウトソーシングを行うアソウ・アカウンティングサービスによる2017年に行われたアンケートでは、回答した250社のうち26％の企業がインストール型の給与計算ソフトを利用しているという結果が出ました。

　社員数の多い大企業や、経理担当の人数が少ない会社などでの普及が見込まれます。

レジャー施設などの割引が受けられる福利厚生

　福利厚生サービスというと、交通費補助、家賃補助、慶弔見舞金といった種類が基本的ですが、映画や娯楽施設の利用が割引できるレジャー割引といった新しいサービスも含まれます。

　こうした新しいサービスは、人材ビジネス業界によるアウトソーシング事業を通じて普及しました。たとえば、福利厚生の一環として定着してきた「ベネフィット・ステーション」「福利厚生倶楽部」は、それぞれベネフィット・ワン（パソナグループ）、リロクラブによる制度が代表的な福利代行サービスです。

　これらは、映画館やフィットネス、ショッピング、旅行、英会

**福利厚生
代行サービス**
福利厚生をアウトソーシングによって提供するサービス。企業は、自社で整備するよりも低コストで福利厚生を充実させることができるというメリットがある。

▶ 使用している給与計算ソフト

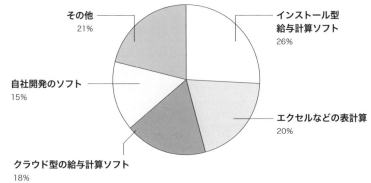

- その他 21%
- インストール型給与計算ソフト 26%
- 自社開発のソフト 15%
- エクセルなどの表計算 20%
- クラウド型の給与計算ソフト 18%

出所：アソウ・アカウンティングサービス「給与計算に関するアンケート」

> さまざまな給与計算ソフトを利用して負担軽減を図っていることがわかります。コストより、作業時間の節約を重視する場合もあるでしょう

▶ 福利厚生をアウトソーシングするメリット

モチベーション向上	コスト削減	管理の手間の削減
レジャー割引といった休日を充実させる福利厚生は、社員のやる気につながる	自社で新たな福利厚生システムをつくるより、外注したほうがコストを抑えられる	Web上で作業が完結することが多いため、担当者の負担を軽減させることができる

話教室など、幅広いサービスの割引に対応しています。

　中には、子育て関連のサービスに力を入れているところもあるため、育児と仕事の両立を図る企業によっても利用しやすいサービスとなります。

「人事労務」のビジネスモデル④
外国人就労・再就職支援

外国人の就職、会社都合で退職となった労働者の再就職支援も、現在求められているサービスです。その中でもとくに、新型コロナウイルス感染症の影響で就労が困難となった在留外国人への支援が注目されています。

今後の見通しが不安定な外国人就労

日本国内の労働力不足の問題から、外国人就労が注目されています。これにより、外国人に特化した人材紹介、人材派遣サービスが現れるようになりました。

海外から日本に移動して働くには、就労ビザの取得といった問題があります。そうしたノウハウを持った企業が活躍するようになると予想されていました。

しかし、2020年から拡大した新型コロナウイルス感染症によって、感染リスクを避けるために国を越えた移動が大きく減少しました。2020年以降の外国人就労サービスに関しては、これから外国から人を呼ぶのではなく、すでに就労を目的に来日した外国人に対してどれだけサポートができるかが求められます。

たとえば、新型コロナウイルス感染症による混乱で経営が悪化した勤務先から解雇をいい渡された、就労予定だった勤務先から就職できないと連絡がきた、などのケースが想定されます。

政府は、こうした場合にはハローワークにいくように呼びかけていますが、民間の人材サービス業界からもサポートが必要です。

会社都合での退職をサポートする再就職支援

再就職支援とは、会社都合による雇用調整によって離職を余儀なくされた社員をサポートするサービスのことです。

経営悪化や業績不振などにより人件費を支払うことが難しく、雇用調整を行う場合は、社会的な責務として離職後に向けたサポートを行う必要があります。具体的には、再就職支援サービスを依頼して、キャリアカウンセリングやトレーニング、セミナーといった支援が求められます。

就労ビザ

日本国内での就労を目的とした外国人が保有する在留資格。就労ビザを持たない外国人が日本国内で働くと、不法就労となる場合がある。

ハローワーク

国によって運営される職業紹介事業（人材紹介事業）。求職者だけでなく、人材を募集する企業も無料で利用することができる。公共職業安定所とも呼ばれる。

雇用調整

不況などにより企業の業務が減少し、過度要員が発生した際、生産・販売・受注の量と雇用量のバランスを調整すること。状況に応じて残業の規制や業務時間短縮、新規採用の中止、パート労働者の解雇などが行われる。

▶ コロナ禍における外国人就労

就業者に占める外国人労働者の割合（2019年10月分）

宿泊業、飲食サービス業、サービス業は外国人労働者がとくに多い

- 産業全体: 2.44
- 卸売業、小売業: 1.98
- 生活関連サービス業、娯楽業: 0.95
- 宿泊業、飲食サービス業: 4.56
- サービス業（ほかに分類されないもの）: 5.87

出所：厚生労働省「外国人雇用状況の届出状況表一覧」、総務省「労働力調査」を元に作成

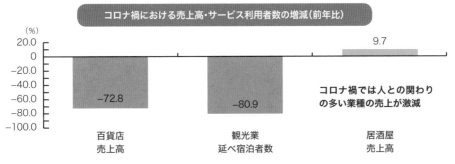

コロナ禍における売上高・サービス利用者数の増減（前年比）

- 百貨店 売上高: −72.8
- 観光業 延べ宿泊者数: −80.9
- 居酒屋 売上高: 9.7

コロナ禍では人との関わりの多い業種の売上が激減

2020年4月のデータを前年同月比で表したもの

出所：観光庁「宿泊旅行統計調査」、日本フードサービス協会「JF外食産業市場動向調査」、日本百貨店協会「売上高概況」を元に作成

> **政府は特定技能外国人のマッチング支援を試みており、人材ビジネス業界も同様のアプローチが求められます**

　再就職支援で受けられるキャリアカウンセリングやトレーニング、セミナーは、あくまでも再就職のノウハウを身に付けるためのものです。直接就職先を紹介する人材紹介とは異なります。

　また、再就職支援サービスは対企業との契約となります。個人での契約は行えない場合が一般的です。

第2章 人材ビジネスの全体像

Chapter2

12

ビジネスモデルごとに見る市場規模

「人材ビジネス」という大きな市場を細分化すると、ビジネスモデルごとに業界内の規模が異なることに気付きます。「人事労務サービス」よりも「労働力確保」が、とりわけ人材派遣がその多くを占めています。

「労働力確保」と「人事労務サービス」の市場規模

ここまで、人材サービス業界の全体像を「雇用」「人事労務サービス」に分け、さらにそれぞれの分野内にある細かい区分を紹介しましたが、「労働力確保」「人事労務サービス」の市場規模はそれぞれどれくらいなのでしょうか。

2018年における「労働力確保」分類の求人広告、人材紹介、人材派遣の売上を合計すると、7兆8762億円になります。

また、矢野経済研究所が発表した「人事・総務関連業務アウトソーシング市場に関する調査を実施（2020年）」によると、2018年度の人事労務サービスの市場規模は7兆7823億円です。しかし、この数字には人材紹介、人材派遣、再就職支援の市場規模が含まれているため、本書ではこれらの数字を引いた1兆5992億円を人事労務サービスの市場規模とします。

小規模に思える人事労務サービスですが、年々拡大を見せていることは確かです。たとえば、人事業務アウトソーシング市場は前年比で4.5%増加し、総務業務アウトソーシング市場は前年比で7.1%増加しています。

「労働力確保」の市場規模の内訳

有料人材紹介
民間企業が営利目的で行う人材紹介サービスのこと。国が運営するハローワーク（無料職業紹介）と区別する際などに使用される。

厚生労働省による調査では、2018年度における有料人材紹介における就職者数は約69万人、売上（紹介の手数料）5418億円です。2018年における人材派遣の派遣労働者数は約168万人、また年間売上高は約6兆3816億円。求人広告による市場規模は2018年度で、約9528億円です。

ここからわかるように、「労働力確保」分野においては、人材派遣がもっとも大きな市場です。

▶ 人材ビジネス業界全体の売上の推移

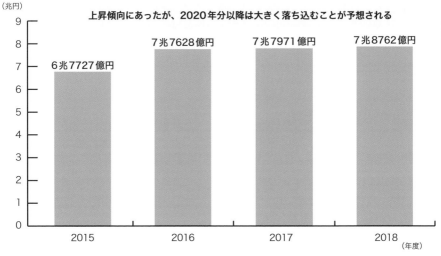

（兆円）

上昇傾向にあったが、2020年分以降は大きく落ち込むことが予想される

6兆7727億円　7兆7628億円　7兆7971億円　7兆8762億円

2015　2016　2017　2018（年度）

出所：全国求人情報協会「求人情報提供サービス市場規模調査結果および求人広告掲載件数等集計結果」、厚生労働省「職業紹介事業報告書の集計結果」「労働者派遣事業報告書の集計結果」を元に作成

▶「労働力確保」「人事労務サービス」の市場規模

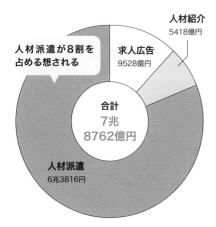

人材紹介
5418億円

人材派遣が8割を占める想される

求人広告
9528億円

合計
7兆
8762億円

人材派遣
6兆3816円

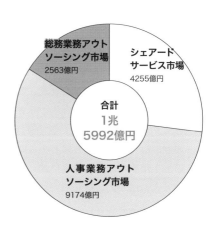

総務業務アウトソーシング市場
2563億円

シェアードサービス市場
4255億円

合計
1兆
5992億円

人事業務アウトソーシング市場
9174億円

「労働力確保」の市場規模（2018年度）

「人事労務サービス」の市場規模（2018年度）

出所：全国求人情報協会「求人情報提供サービス市場規模調査結果および求人広告掲載件数等集計結果」、厚生労働省「平成30年度 職業紹介事業報告書の集計結果」「平成30年度 労働者派遣事業報告書の集計結果」を元に作成

出所：矢野経済研究所「人事・総務関連業務アウトソーシング市場に関する調査を実施（2020年）」を元に作成

アメリカでの人材ビジネスの規模と歴史

市場の大きさと規制の少なさが特徴

人材ビジネスをが展開されている国は日本だけではありません。WEC（世界雇用連合）のエコノミックレポートによると、2018年のアメリカにおける人材ビジネスの市場規模は、日本の約2倍、労働派遣者数は日本の約5倍という数字を誇るといいます。

アメリカにおける人材ビジネスには、人材派遣事業、職業紹介（人材紹介）事業、PEO、再就職支援事業の4つがあります。日本の職業安定法にあたる法律がないため、人材紹介事業や労働者派遣事業に関する規制はほとんどありません。州ごとに届出制や許可制を採用することもありますが、日本のような厳しい規制はないため、ほとんどの人材派遣会社が通常の人材派遣に加え、紹介予定派遣や人材紹介、再就職支援サービスなどを行っています。

米国労働省労働統計局の2015年のレポートによると、雇用サービス産業に占める人材派遣の割合が2000年の68％から2014年の81％へと増加しています。

インターネットの普及後はSNSを利用した人材紹介のほか、各企業によるウェブサイトでの求人やクラウドソーシングも拡大しています。

世界初の派遣会社はアメリカで設立

アメリカの人材ビジネスは、1940年代にすでに始まっていました。1948年に世界初の人材派遣会社であるManpowerが設立されます。労働力をすぐに提供できるビジネスモデルが人気を博し、1956年にはカナダに進出。その後イギリス、フランスにも拡大しました。

また、1954年には人材紹介会社であるBoydenが設立され、エグゼクティブ職業紹介が発達しました。職業紹介には上級管理職を扱う前受金型と中間管理職や専門職を対象にする成功報酬型があり、産業分類上では別の事業になっています。

こうして1950年代以降に人材サービスが社会に認知され始め、人材ビジネスが確立されました。

第3章

労働力確保分野の主要なサービス

本章は、本書で主に解説する求人広告、人材紹介、人材派遣の代表的・特徴的なサービスを知ることで、人材サービス業界全体の「見取り図」をつかみましょう。どのサービスがどれくらいの規模を占め、どんな特徴があるのかを把握することが重要です。

Chapter3 01

求人広告の 主なサービス

求人広告には、新卒採用、中途採用、パート・アルバイト採用をメインとしたサービスがあります。また、第2新卒の採用に特化したサービスがあるなど、ターゲットを絞って差別化を図る工夫も見受けられます。

「プレイヤー」から業界を知る

人材ビジネス業界を知るには、市場規模に加え、分野ごとの「プレイヤー」について知ることが重要です。ここでいうプレイヤーとはその分野内の「サービス」です。代表的なプレイヤーの強みと弱み、サービスの規模、対象としている企業や求職者などを把握することが必要です。

労働力確保分野のサービスとして、まずは求人広告の業界を知りましょう。

多様な求人広告のサービス

一口に求人広告といっても多くの種類があります。まず挙げられるのが、新卒採用に特化したサービス。「リクナビ」「マイナビ」「キャリタス就活」「あさがくナビ」などです。

そして、転職に特化したサービスは、「リクナビNEXT」「マイナビ転職」「エン転職」などが代表的です。中には、第2新卒や既卒、20代社員の採用に特化した「Re就活」というサービスもあります。未経験者歓迎の求人が多いことをアピールし、入社数年で転職を考える層にアプローチしています。この章では、求人広告のメインプレイヤーである転職サービス3つとアグリゲーション型サイトを紹介します。

さらには、ミクシィの子会社が運営する「Find Job！」というサイトでは、IT・Web事業に特化しているという特徴があります。

加えて、パート・アルバイト採用に強いサービスは、「タウンワーク」「マイナビバイト」「バイトル」「フロム・エー ナビ」などが代表的です。LINEで求職者と企業が連絡を取る「LINEバイト」といった、従来の求人広告にないサービスも登場しています。

第2新卒
一般的に、新卒で入社して3年未満の求職者を指す。新卒と社会人の中間にあたり、「短期間のみ社会に出ている」という点で新卒や社会人と区別される。

ミクシィ
2004年に設立されたSNS「mixi」の運営会社。同じ趣味を持つコミュニティごとに交流するスタイルで人気を博した。現在は「モンスターストライク」などのスマートフォン用ゲームも運営している。

▶ 求人広告におけるターゲットの違い

新卒採用	中途採用	パート・アルバイト採用
翌年3月に大学などを卒業予定の学生 大学生・大学院生の全学年（予定）	第2新卒 ミドル層	学生 フリーター 主婦（夫）
求職者は、大学・大学院などを卒業した後の就職先を決めるために利用する。インターン情報なども掲載されている	求職者は、ミスマッチの解消やキャリアアップ・スキルアップなどを目的に利用する。経験者優遇の求人が多い	求職者は、時間の融通が利くパート・アルバイト先を探すために利用する。求人の入れ替わりが激しい

▶ ターゲット別求人広告の例

新卒採用

サービス名	運営企業
リクナビ	リクルートキャリア
マイナビ	マイナビ
キャリタス就活	ディスコ
あさがくナビ	学情、朝日新聞社、朝日学生新聞社

中途採用

サービス名	運営企業
リクナビNEXT	リクルートキャリア
マイナビ転職	マイナビ
エン転職、エン転職 WOMAN、ミドルの転職	エン・ジャパン
Re就活	学情

パート・アルバイト採用

サービス名	運営企業
タウンワーク、フロム・エー ナビ	リクルートジョブズ
マイナビバイト	マイナビ
バイトル	ディップ
LINEバイト	LINE

Chapter3 02

求人広告のサービス①
リクナビNEXT

大手の人材ビジネス企業であるリクルートキャリアが運営する、転職に特化した求人広告サイトがリクナビNEXTです。他社に先駆け開始した求人広告ビジネスの経験が活かされています。

リーディングカンパニーによるサービス

「リクナビNEXT」は、リクルートキャリアが運営する転職に特化した求人広告サイトです。

リクルートグループは1975年から「就職情報」、1980年から「とらばーゆ」といった求人広告誌を創刊しており、これらの情報誌は現在のリクナビNEXTの原型ともいえます。その後、2001年に「リクルートナビキャリア」がサービスを開始し、後に現在のリクナビNEXTとなりました。

人材ビジネス業界において早い段階で求人誌を発刊していたという点において、リクルートキャリアはリーディングカンパニーであり、他社より多くの蓄積されたノウハウを活かすことができる点に優位性があるといえます。

就職情報
求人広告が掲載された求人情報誌。週刊。中途採用求人が主に取り扱われた。

とらばーゆ
女性の就職・転職を取り扱った求人情報誌。週刊誌。

求人掲載数が最多

リクナビNEXTは利用者（会員登録者）が884万人おり（2019年2月末時点）、アグリゲーション型を除く転職サイトのうち、もっとも多い会員登録数を誇ります。

リクナビNEXTのサービス単体での売上は公表されていませんが、リクナビ、リクルートエージェント、タウンワークといった同社他媒体も合わせた売上は、2839億円です。

リクナビNEXTは転職に特化した求人広告サービスの中でも認知度が高く、取り扱う求人広告件数も人材サービス業界でトップとなる約2万8000件に及びます（2019年9月時点）。

利用する企業のうちの6割が中小企業であることから、大企業だけでなく幅広く求人に活用されていることがわかります。

リクナビ NEXTの基本情報

運営企業	**株式会社リクルートキャリア**
サービス開始	2001年 サービス開始当初のサービス名は「リクルートナビキャリア」
利用者数	約884万人（2019年2月末時点）
売上	3141億円（注：主にリクナビNEXT、リクナビ、リクルートエージェント、タウンワークの合算）
対象者	転職をしたい社会人向け
ユーザー層	■ 24歳以下 ■ 25～29歳 ■ 30～34歳 ■ 35～39歳 ■ 40～44歳 ■ 45歳以上 7%　16%　22%　20%　15%　20% 年齢層は幅広いが、34歳以下が利用者全体の45%を占める 出所：株式会社yell
求人情報数	約2万8000件（2019年9月時点）
求人掲載企業	幅広い中小企業が6割。ほか、企業規模・業種とも幅広い企業が使用
特徴	早い段階で求人誌を発刊していたため、他社より多くの蓄積されたノウハウを活かすことができる。求人数や利用者数も業界内最多

リクナビNEXTトップページ。職種や勤務地、働き方などを選択し、求人情報を確認できる

「転職成功ノウハウ」ホームページ。転職に役立つノウハウや履歴書・職務経歴書のテンプレートが配布されている

リクナビNEXTに次ぐ規模を誇る

求人広告のサービス②
マイナビ転職

リクナビNEXTに次ぐ大手サイトがリクナビ転職であり、求人広告件数を豊富に取り揃えている点が特徴的です。また、リクナビNEXTと比較すると若手社会人の登録者数が多い傾向にあります。

1973年から続く求人広告サービス

「マイナビ転職」は、マイナビが運営する転職者向けの求人広告サイトです。

1973年に設立された毎日コミュニケーションズ（現・マイナビ）が2000年に開始した「毎日キャリアナビ」が元となっています。2007年3月に人材情報ポータルサービスを「マイナビ」にブランド統一されたところから、現在のマイナビ転職という形となりました。

30歳以下の若い利用者が多い

利用者（会員ユーザー）は2020年6月時点で607万人で、20代から30代までの若手社会人が会員全体の約60％を占めています。ライバルであるリクナビNEXTは、30歳までの社員が23％と少なく、もっともボリュームのある30代の層が会員全体の約42％を占めています（広告代理店ONEによる発表）。

利用者の年齢層は、採用できる年齢層とリンクします。会員の年齢層に偏りの少ないリクナビNEXTと比較すると、マイナビ転職は若手社会人の採用に強いサービスだといえるでしょう。

求人広告件数は2020年11月時点で約1万2300件。リクナビNEXTが掲載する求人の半数ほどに留まるものの、求人広告業界2位の地位は盤石となる数字といえます。

また、ITエンジニアの求人広告に特化した「マイナビ転職 エンジニア求人サーチ」や、女性の求人に特化した「マイナビ転職 女性のおしごと」といった特設サイトを用意し、ユーザーのニーズに合わせた運用を行っています。

毎日コミュニケーションズ
1973年設立の企業。毎日新聞社とは友好企業としての位置付けにあり、マイナビになった現在でも同様。

ポータルサービス
検索エンジンなどを始め、さまざまな情報やサービス集約してまとめたサイト。「ポータル」とは「入り口」を意味し、Web上の情報にかんたんにアクセスするための入り口の役割を果たしている。

▶ マイナビ転職の基本情報

運営企業	株式会社マイナビ
サービス開始	2000年7月 サービス開始当初のサービス名は「毎日キャリアナビ」
利用者数	約607万人（2020年6月時点）
売上	1510億円（注：株式会社マイナビ単体の合計売上）
対象者	転職をしたい社会人向け（とくに若手社員や地方就職をしたい人）
ユーザー層	■ 〜25歳 ■ 26〜30歳 ■ 31〜35歳 ■ 36〜40歳 ■ 41〜50歳 ■ 50歳以上 10.1%　17.2%　21.0%　17.5%　14.5%　19.6% 35歳以下の若手は56%。経験やスキル、ノウハウが幅広いユーザー層 ※小数点以下を四捨五入しているため、必ずしも合計が100にならない　出所：株式会社ONE
求人情報数	約1万2380件（2020年11月時点）
求人掲載企業	全国各地の中堅・中小企業から大手企業までの幅広い企業
特徴	若手社会人の採用に強いサービス。業種や性別に特化した特設サイトも用意

マイナビ転職トップページ。業種や地域だけでなく、「働きがい」を基準に求人を検索することもできる

求人特集ページ。まちづくり、業種ごとの実態調査を行い、公開している（画像はIT・WEBエンジニア）

Chapter3
04

求人広告のサービス③
エン転職

現在求人広告サイトの中で勢いを伸ばしているのがエン転職です。印象的な広告によって知名度を上げた点や、若手社会人のユーザーを多く抱える点が強みだといえるでしょう。

印象的な広告で知名度を上げる

「エン転職」は、エン・ジャパンが運営する総合転職情報サイトです。

日本ブレーンセンターという企業からデジタルメディア事業が独立する形でエン・ジャパンが誕生しました。「[en] 社会人の就職情報」というサービスから始まり、サービスの統合やリニューアルオープンを重ね、2014年に現在のエン転職になります。

エン転職として運用が開始されてからは、人気芸能人が扮するキャラクターを広告に使用し、認知度が高まりました。

若手の会員数が多いことが特徴

エン・ジャパンが行う事業のうち、エン転職を含む国内求人サイトの売上は324億円であり、エン・ジャパン全体の売上の約55％を占めています（2020年3月期売上高の時点）。

現在はエン転職単体での売上は公表されていませんが、2016年時点ではエン転職の売上は約97億円、エン・ジャパン全体の売上のうち約37％を占めていたため、現在はさらに規模が拡大していることが予想されます。

エン転職は会員の72.1％が34歳以下の若手層となっており、第2新卒などの人材から、即戦力となる中堅社員までに強い会員層となっています。さらに20代だけで50％以上と、若手の会員比率が主要転職サイトの中でも群を抜いています。

ただし、有料求人広告件数は約6300件（2020年11月時点）で、転職に特化した求人サイトの中では相対的に少ないといえます。一方で、企業についてのクチコミ情報が閲覧できるなど独自の付加価値で情報の質を充実させる戦略をとっています。

日本ブレーンセンター
情報発信とコンサルティングを主に取り扱っており、企業支援のほか一般図書の発行も行っている。1979年に設立。

クチコミ情報
サービスの利用者が書き込む感想や体験談。エン転職では、企業の詳細ページから、社員・元社員からのクチコミが閲覧できる。

▶ エン転職の基本情報

運営企業	エン・ジャパン株式会社
サービス開始	2000年 サービス開始当初のサービス名は「[en]社会人の就職情報」
利用者数	約836万人（2020年5月時点）
売上	約321億円（エン・ジャパンのうち、エン転職を含む国内求人サイトの売上）
対象者	若手・未経験者
ユーザー層	5.4%　5.2% 6.3% 7.5% 30.5% 8.7% 13.5% 22.9% ■ 19歳以下 ■ 20〜24歳 ■ 25〜29歳 ■ 30〜34歳 ■ 35〜39歳 ■ 40〜44歳 ■ 45〜49歳 ■ 50歳以上 アグリゲーション型を除く主要転職サイトの中で、35歳未満の比率がもっとも高い72.1% 出所：ハレルヤエージェンシー
求人情報数	約6300件（2020年11月時点）
求人掲載企業	中小企業（主に都市部）の求人が豊富
特徴	有料求人広告件数は少ない一方、企業についてのクチコミ情報が閲覧できるなど独自の付加価値で情報の質の充実を図る

エン転職トップページ。職種や勤務地、働き方などを選択し、求人情報を確認できる

「転職Q＆A」ページ。基礎知識から入社手続きまで、転職に関する情報が項目ごとに幅広く掲載されている

世界中で利用されているサービス

求人広告のサービス④
Indeed

アグリゲーション型サイトならではの求人掲載数、訪問者数を誇るのが
Indeedです。日本でのサービス開始から12年と、ほかのサービスより新
しいにも関わらず、影響力を持ち始めました。

📍 利用ユーザー数、求人掲載数ともに強み

「Indeed」は2004年にアメリカで誕生したサービスです。
2009年から日本でもサービスが開始され、2012年にリクルート
がIndeedを完全子会社化したことで、現在日本ではリクルート
ホールディングスの傘下にあります。

日本以外に世界60カ国で展開しており、全世界でのサイト訪
問者数は月間で2億5000万人、7億5000万件の求人情報が掲
載されています（2020年12月時点）。

求人を無料掲載できるため企業が求人を掲載するハードルが低
いこと、そして、クローラーを使用してインターネット上の求人
を集めて掲載していることから、こうした膨大な数の求人を取り
扱うことができるのです。他媒体であれば、企業に営業をかけ、
掲載のメリットを説き、契約を結ぶというステップを踏みますが、
Indeedではそこを省略できることが強みです。

さらに、応募の際に登録不要の求人があることから、ユーザー
視点から見ても利用するハードルが低く設定されています。

また、採用1人あたりにかかる単価を大幅に下げることができ
る可能性があることが、従来の求人広告にはなかった最大の強み
といえます。

📍 掲載までの手間がデメリット

Indeedはあくまでも求人情報をまとめて掲載する点に特化し
たサービスです。ほかの求人広告サービスでは求人の原稿作成を
依頼できますが、Indeedでは企業が求人内容を入力する必要が
あるため、その手間がかかる点が、従来型の求人広告にはない課
題だといえます。

子会社化
株式を買収し、ほか
の会社の経営権を獲
得して自社の傘下に
入れる経営手法。買
い取った株式の割合
によって買い手側の
権威範囲は変わる。
リクルートと
Indeedの場合はす
べての株式を保有す
るため、経営の意思
決定が親会社にある
ほか、子会社独自で
上場することはでき
ない。

クローラー
Web上を巡回し、
文章や画像などの情
報を収集するソフト
ウェア、システム。

▶ Indeed の基本情報

運営企業	Indeed Japan 株式会社
サービス開始	2004年 （日本では2009年にサービス開始）
利用者数	月間約1000万人（推定）
売上	約245億円（2019年12月時点）
対象者	不特定多数
ユーザー層	■ 18～24歳　■ 25～34歳　■ 35～44歳　□ 45～54歳　■ 55歳以上 10.1%　25.4%　32.4%　20.0%　12.1% 幅広く利用されているものの、34歳までの若手層が半数以上利用している 出所：SimilarWebを元に作成
求人情報数	約200万件（推定）
求人掲載企業	正社員からパート・アルバイトまで多岐にわたる
特徴	世界60カ国で展開されている「アグリゲーション型サイト」のサービス。今後の伸びが期待できる

Indeedトップページ。検索ワードに困った場合「人気キーワード」から探すこともできる

「給与から探す」ページ。給与や福利厚生を基準に職種・企業を比較することができる

Chapter3
06

人材紹介サービスの
主なサービス

人材紹介サービスには、大きく分けて「総合型」と「特化型」の2種類があります。総合型は、多くの職種・業種を幅広く扱うことが強みであり、知名度の高い大手サービスはこの総合型に該当します。

広範囲にわたる求人に対応した総合型

　人材紹介は主に「総合型」と「特化型」の2つに分けられます。総合型と呼ばれる人材紹介サービスを提供しているサイトとして、「リクルートエージェント」「doda」「マイナビエージェント」「パソナキャリア」「type転職エージェント」などが挙げられます。

　総合型人材紹介は、業種や職種を問わず、幅広い求人情報を扱っているという点が魅力です。掲載している求人の数も多く、利用者は豊富で多様な仕事から選ぶことができます。

特定の条件を持つ求人に絞った「特化型」

　一方、特化型の人材紹介サービスでは、特定の職種や業界に特化したサービスを展開しています。業界の専門性に応じた採用・転職を行えることが魅力です。

　たとえば、「職業特化型」であれば医療系に特化した人材紹介サービスがあり、「ファルマスタッフ」「医師転職ドットコム」「ドクターキャスト」「エムスリーキャリアエージェント」「ドクタービジョン」「マイナビDOCTOR」などが挙げられます。

　IT系特化には「レバテックキャリア」や「メイテックネクスト」「TechClipsエージェント」「DYM IT転職」「ワークポート」などがあり、とくに「Geekly」や「G-JOBエージェント」はゲーム業界に強みを持つサービスです。飲食業界特化には「クックビズ」金融業界特化には「ウィルハーツ」などがあります。

　また、業界・職種特化のほかにも、エグゼクティブ限定・士業限定などの「ポジション特化型」、第2新卒や50代以上など特定の年齢層の採用に強みを持つ「年齢特化型」などもあります。

ゲーム業界
ゲームプランナー、プログラマー、デザイナー、デバッガーなどの職種がある。IT系では、企画された仕様書を基に、実際にゲームが動くようにするプログラマーなどが挙げられる。

士業
弁護士や税理士、司法書士といった、職業名に「士」が付く専門職。とくに、戸籍・住民票の請求権があるものはまとめて「8士業」と呼ばれる。

▶ 人材紹介における総合型・特化型

総合型人材紹介	特化型人材紹介
飲食業界A社 医療業界B社 物流・運輸業界C社	医療業界D社 医療業界E社 医療業界F社
幅広い業界の求人情報を数多く取り扱っており、求職者はさまざまな業界の情報を得ることができる	特定の業種の求人に特化していて、専門知識を持った担当者に転職を支援してもらえる可能性が高い

▶ 特化型人材紹介の例

医療系

人材紹介サービス	運営企業
ファルマスタッフ（薬剤師）、ドクタービジョン（医師）	メディカルリソース
医師転職ドットコム（医師）、薬剤師転職ドットコム（薬剤師）	メディウェル
ナース人材バンク（看護師）	エス・エム・エス
求人ER（看護師）	アスメディックス

IT系

人材紹介サービス	運営企業
レバテックキャリア（IT・Web業界）	レバテック
TechClipsエージェント（ITエンジニア）	notari
Geekly（IT・Web・ゲーム業界）	GEEKLY

ポジション・年齢

人材紹介サービス	運営企業
MS Agent（管理部門）、EXPERT SENIOIR（50代以上限定）	MS-Japan
SACT会計キャリアナビ（公認会計士）、リーガルナビ（弁護士）	SACT
ハタラクティブ（第2新卒・既卒・20代フリーター）	レバレジーズ

Chapter3 07
人材紹介のサービス①
リクルートエージェント

求人広告で最大手のサービス「リクナビNEXT」を運営するリクルートキャリアは、人材紹介でももっとも多く求人を抱えるサービスを運営しています。ただし、「得意な業界がない」という総合型ならではの弱みもあります。

転職成功者も多い業界内最大手サービス

「リクルートエージェント」は、リクルートキャリアが運営する人材紹介サービスで、長きにわたって社会人の転職活動を支え続けています。1977年のサービス開始から2018年までの41年間で、約45万人の転職を成功へと導きました。

リクルートエージェントの魅力はサイト内に掲載されている求人情報数の多さにあります。業界最大手と謳うその数は20万件以上で、**公開求人**だけでも10万件を超えています。

また、40年超の間に積み重ねたノウハウで求人を行う企業からの信頼が厚い点も、大きな強みといえるでしょう。

幅広い業界・職種を取り扱っている

リクルートエージェントは業界や職種、役職を問わず、多くの求人情報を取り扱っています。また、**キャリアアドバイザー**も、転職支援経験が豊富な人が多いです。

その一方で、得意とする業界がないという点がデメリットであるともいえるでしょう。特化型のサービスはその業界ごとにおけるノウハウを蓄積しているのに対し、広い分野を取り扱う総合型ならではの弱みだといえます。

しかし、求人情報の多さからもわかるように、あらゆる業種に対応できるほどの求人情報がそろっているため、1つの業種に注力して転職活動を行いたいという求職者は、希望する業種に特化しているほかのサービスと併せて利用する傾向があるようです。

公開求人
一部のエージェントのみが把握している非公開求人に対し、誰もが転職サイトなどで閲覧できる求人。登録をせず自分で応募できることが多く、倍率が高い。大量採用に多く用いられる。

キャリアアドバイザー
人材紹介において、求職者と接し、内定獲得までの支援を行う人。人材コンサルタントなどとも呼ばれる。

▶ リクルートエージェントの基本情報

運営企業	**株式会社リクルートキャリア**
サービス開始	1977年 設立当初の社名は「株式会社人材情報センター」
利用者数	約125万人(2019年度実績)
売上	約3141億円(注:リクナビ、リクナビNEXT、リクルートエージェントなどの人材メディア事業の合算)
対象者	多くの業種の中から転職先を探したい社会人向け
ユーザー層	■ 25歳以下 ■ 26〜30歳 ■ 31〜35歳 ■ 36〜40歳 ■ 41〜50歳 ■ 51歳以上 7%　28%　23%　15%　11%　16% 年齢や職務経歴など、幅広い求職者が利用。26〜35歳が6割を超える 出所:リクルート採用成功ナビ
求人情報数	約22万7000件(2020年12月時点、非公開求人を含む)
求人掲載企業	中堅・中小企業の掲載が約8割。大手企業の利用も見られる
特徴	業界内最多の求人情報数。長い歴史で積み重ねた転職ノウハウを持ち、企業からの厚い信頼もある

リクルートエージェントトップページ。登録フォームが用意されている

転職のコツが記載されたコラムページ。自己分析から面接対策までのコラムがある

Chapter3 08

人材紹介のサービス②
doda

人材紹介でリクルートエージェントに次いで影響力を持つサービスがdodaです。サービスを開始した1989年には「DODAする（＝転職する）」という言葉が新語・流行語大賞の銅賞に選ばれるほど人気を博しました。

転職サイトと転職エージェントの2つの側面

パーソルキャリアが展開する「doda」は、転職サイトと転職エージェントとが一体化した、比較的新しいサービスです。自分で転職を進められる「転職サイト」とキャリアアドバイザーによる人材紹介サービスを受けられる「転職エージェント」、この2つを同時に利用することができる点が注目を集め、求人数もリクルートエージェントに次いで2位となっています。

パーソルキャリアは求人広告も強いという側面があります。1967年に「アルバイトニュース速報」を創刊、後にアルバイト求人サイト「an」へと形を変えて52年間サービスを展開しました。

さまざまなイベントを開催している

新型コロナウイルス感染症の流行以前は、東京や大阪、名古屋などで種類豊富な転職フェアやセミナーを開催していました。参加費・入場料不要、服装自由、当日参加可能という手軽さで、企業の人事担当者に直接会うことができるイベントです。転職ノウハウやキャリアアップのヒントを学ぶことができる場として、求職者から重宝されていました。

そもそも転職は、新卒に比べてイベントが少ない傾向にあります。情報を得られる機会が少ないという不安材料をなくすことができるため、求職者にとって魅力的なサービスだといえるでしょう。現在は各種イベントのオンライン化も進められており、コロナ禍にあっても多くの転職者を支えています。

そんなdodaですが、地方の求人案件がやや少ないという一面があり、首都圏以外の利用者にとってはデメリットもあるといえます。

an
「アルバイトニュース速報」「日韓アルバイトニュース」を誌名変更した「デイリーan」と並行して「Web an」としてサービスを開始。フリーペーパーやサイトのほか、LINEと提携しLINEバイトでも求人情報を提供していたが、2019年にサービスを終了した。

転職フェア
転職求人に特化した合同説明会。3月、9月に多く行われることが多い。

▶ dodaの基本情報

運営企業	株式会社パーソルキャリア
サービス開始	2007年1月
利用者数	約540万人（2020年2月末時点）
売上	約9705億円（パーソルホールディングス全体の売上）
対象者	転職をしたい社会人向け
ユーザー層	■ 24歳以下 ■ 25～29歳 ■ 30～34歳 ■ 41～50歳 ■ 40歳以上　24.9%　29.1%　16.3%　9.9%　19.7%　利用者の約半分は20代、35歳未満のユーザーで7割を占める　※小数点以下を四捨五入しているため、必ずしも合計が100にならない　出所：doda
求人情報数	約10万2000件（2020年12月時点、非公開求人を含む）
求人掲載企業	大企業から中小企業まで幅広い企業、主に首都圏の求人案件に強い
特徴	転職サイトと転職エージェントが一体化しているサービスで、求人検索とアドバイザーへの相談が同時に行える

dodaトップページ。新着求人がすぐに閲覧できるよう並んでいる

イベント情報ページ。これから開催されるイベントの情報がまとめられている

Chapter3
09

人材紹介のサービス③
JAC Recruitment

特化型の人材紹介では、JACリクルートメントが代表的なサービスです。比較的年収が高く、外資系・海外関連のエグゼクティブ求人を豊富に取り揃えているという強みがあり、グローバル人材から人気を博しています。

ミドル層や海外関連の求人に特化している

JAC Recruitmentは、ジェイエイシーリクルートメントによる人材紹介サービスです。このサービスの大きな特徴は「ミドル層のキャリアアップに強い」「外資系・海外関連の求人に強い」という点にあります。

転職サービスは、基本的に20代〜40代の幅広い転職希望者を対象としています。しかし、JAC Recruitmentでは30代〜40代（いわゆるミドル層）の転職サポートがサービスの大半を占めています。

管理職経験のあるミドル層人材は、今後に向けてキャリアアップを望むケースがあります。そんなミドル層の希望を叶えるべく、数多くのハイキャリア案件が用意されています。キャリアコンサルタントによる適切なアドバイスにより、マッチングが行われていく形で求人が紹介されます。

> **ミドル層**
> 一般的に明確な定義はないが、東京しごとセンターでは、求人窓口を29歳以下を若手層、30〜53歳をミドル層、55歳以上をシニア層として分けている。

グローバルな活躍を望む求職者に向いている

また、外資系企業・海外関連企業の求人情報を多く有しているという点が、もう1つの特筆すべき点です。

JAC Recruitmentではグローバル人材や外資系企業のサービスを「インターナショナル領域」と定め、支援を強化しています。事業比率は50％以上と、圧倒的なシェアを誇る事業です。

ほかのサービスと比べると少々高いキャリアが求められる人材紹介サービスですが、「絞られた業種の中で転職先を探し、今よりももっと活躍したい」「海外で働きたい」「自分の市場価値を見極めたい」というミドル層の転職者には、使い勝手のよいサービスといえます。

> **ハイキャリア**
> 学歴の高さやスキル、一流企業での勤務経験などを総合した市場価値の高さ。ハイキャリア案件とは、こうした市場価値の高い人を対象とした求人案件のこと。

▶ JAC Recruitmentの基本情報

運営企業	株式会社ジェイエイシーリクルートメント
サービス開始	1988年3月
利用者数	約43万人（2020年12月時点）
売上	約208億円（2019年12月期の国内人材紹介事業セグメントの売上高）
対象者	外資・グローバル転職を目指す社会人向け
ユーザー層	■ 25歳未満〜34歳　26% ■ 35歳以上　74% 内定決定者の比率。多くが30歳以上、管理部門やエンジニアとして経験豊富な人材が中心 出所：ジェイエイシーリクルートメント
求人情報数	1万5000件（2020年12月時点、非公開求人を含む）
求人掲載企業	外資系企業や海外進出企業
特徴	グローバル・海外関連の転職支援に強い。ハイクラス層の転職に特化している

JAC Recruitmentトップページ。役職ごとへのアドバイスが閲覧できる

求人検索ページ。求人ごとに業種、勤務地、年収が簡潔に記されている

Chapter3
10

人材派遣の
主なサービス

人材紹介と同様、人材派遣にも多様な求人を擁する総合型と、特定の業種に特化した特化型が挙げられます。また、派遣期間終了後の対応の違いで3種類に分類することもできます。

多くの業種や派遣形態を抱える総合型

これまでに紹介した求人広告や人材紹介では、最終的に雇用契約を結ぶのは企業と求職者でした（直接雇用）。しかし、人材派遣はこの2つと異なり、人材派遣会社と求職者の間に契約が発生することが特徴です。

人材派遣には「登録型派遣」「常用型派遣」「紹介予定派遣」があります。あらかじめ定められた期間で求職者を派遣し、契約満了までをサポートするという手法です。代表的なサービスとしては、「パソナ」「リクルートスタッフィング」「テンプスタッフ」「アデコ」「スタッフサービス」などがあり、これら大手サービスでは3種類すべての派遣を扱っています。

また、こうしたサービスは幅広い業種を選択できるという強みもあり、キャリアチェンジを希望する人に向いています。

ITなどに特化した業種特化型

求人広告、人材紹介と同様に、人材派遣にも業種に特化したサービスがあります。

たとえば、ITに特化した「type IT派遣」「パーソルテクノロジースタッフ」、機械・電気技術者に特化した「メイテック」、アパレルに特化した「アパレル派遣なび」、Web・ゲーム業界に特化した「イマジカデジタルスケープ」、福祉や医療に特化した「ナイス！介護」「きらケア」「スタッフサービス・メディカル」「ニチイ学館」などがあります。これら以外にも、製造系、営業系といった業種特化型もあります。

特定業種の求人数が多いという点に加えて、大手の人材派遣会社では紹介されづらい派遣先も抱えていることが魅力です。

登録型派遣
企業が望む一定期間のみ、スタッフを派遣する方法。スタッフと人材派遣会社に雇用関係が生じる。スタッフへの給与支払いが生じるのは、派遣期間中のみ。

常用型派遣
スタッフを「人材派遣会社の社員として」派遣する方法。登録型と異なりスタッフと人材派遣会社の間には常時雇用契約が結ばれており、給与の支払いも必要。

紹介予定派遣
スタッフが将来的に派遣先企業で直接雇用されることを前提として、派遣を行う方法。

キャリアチェンジ
いままでに経験したことのない業界や職種に転職すること。

人材派遣における総合型・特化型

総合型人材派遣	特化型人材派遣
IT業界A社 広告業界B社 福祉・医療業界C社	IT業界A社 IT業界B社 IT業界C社
幅広い職に関わりたいという求職者や、希望の業種・職種が決まっていない求職者が利用する	取得した資格や実務経験を活かしたい人、希望の業種が決まっている人が利用する

特化型人材派遣の例

IT系

人材派遣サービス	運営企業
type IT派遣	キャリアデザインITパートナーズ
パーソルテクノロジースタッフ	パーソルテクノロジースタッフ

アパレル系

人材派遣サービス	運営企業
アパレル派遣なび	シーエーセールススタッフ
iDA	iDA
リンクスタッフィング	リンクスタッフィング
スタッフブリッジ	スタッフブリッジ

福祉・医療系

人材派遣サービス	運営企業
ワトワ求人ナビ（介護職員、看護師、看護助手）	ワトワスタッフ
ミラクス介護（介護職員）、ミラクス保育（保育士）	ミラクス
きらケア（介護職員）、看護のお仕事（看護師）	レバレジーズメディカルケア

Chapter3 11

人材派遣のサービス① テンプスタッフ

テンプスタッフは、1973年から続く人材派遣サービスです。長年蓄積されたノウハウや求人数の多さ、知名度の高さなどから、人材派遣の中でも主要なサービスであるといえます。

求人数の多さが特徴

パーソルテンプスタッフが運営する「テンプスタッフ」の最大の強みは、その規模の大きさといえるでしょう。登録者数、求人件数はともに業界トップクラスです。

サービスを運営するパーソルテンプスタッフは、1973年に事務処理サービス請負業の企業として、テンプスタッフという名前で設立されました。2008年にはピープルスタッフと統合、現在はパーソルホールディングスのグループ会社となっています。

テンプスタッフでは、大手企業からベンチャー企業までの幅広い業種を扱っており、バリエーション豊かな求人情報を提供しています。とくに事務系の職種の求人数に強く、ほかの人材派遣サービスに比べて事務系の選択肢が広いといえます。

こうした幅広い選択肢と、派遣法施行時からの長い歴史によるノウハウで、オーピーエヌが行う「人材ビジネス業績ランキング」を8年連続で1位を獲得しています。

手広い活動で利用者へアピールしやすい

スキルアップ支援として2600以上の講座が用意されており、未経験者でも1からスキルアップを図ることができます。とくに、ほかの人材派遣ではあまり見られない理系・製薬専門職やCAD・DTPにまつわる講座がある点が特徴的です。

登録拠点数が多い点も利用者へのアピールポイントとなります。派遣スタッフとして就業するには、拠点に足を運んでサービスに登録する必要があるためです。全国に約90箇所あり、後述するリクルートスタッフィング、パソナの中でもっとも多い拠点数となっています。

請負
労働者を提供する派遣とは異なり、労働の成果を提供する業態。請負労働者への指示は、委託先ではなく請負業者から行われる。

CAD
コンピューター支援設計。設計や図面作成をコンピューター上で行うためのソフトウェア。

DTP
デスクトップ・パブリッシング。書籍・新聞など印刷物のデータをパソコン上で作成すること。

▶ テンプスタッフの基本情報

運営企業	**パーソルテンプスタッフ株式会社**
サービス開始	1986年7月（派遣事業許可取得） （請負業は1973年に開始）
利用者数	非公開
売上	約9705億円（パーソルホールディングスの売上高）
対象者	企業規模の大小を問わず働きたい人など
ユーザー層	■ 18～24歳 ■ 25～34歳 ■ 35～44歳 ■ 45～54歳 ■ 55歳以上 5.8%　20.05%　13.53%　26.31%　34.31% 18～24歳の学生・新卒の層が比較的多い ※サイト訪問者からユーザー層を推定　　出所：SimilarWebを元に作成
求人情報数	約1万6000件（出所：アドバンスフロー）
求人掲載企業	大手企業からベンチャー企業まで幅広い企業
特徴	求人数がトップクラス。幅広い業種と地域をカバーする

第3章　労働力確保分野の主要なサービス

テンプスタッフトップページ。面談付き登録への誘導画面などがある

CM特設サイト。テンプスタッフのキャラクターが登場し利便性などをアピール

Chapter3 12

人材派遣のサービス②
リクルートスタッフィング

リクルートスタッフィングは、リクルートの子会社であるリクルートスタッフィングによって運営されるサービスです。大手企業の子会社である強みを活かして活動しています。

幅広い求職者に対応できるサービスを展開

リクルートスタッフィングは、リクルートホールディングスの子会社であるリクルートスタッフィングが運営するサービスです。さまざまな事業展開をしている**リクルートグループ**のブランドを活かしたサービスが特徴的です。

1987年の創業以来「総合人材サービス」として培ったネットワークを生かし、大手企業や人気企業の求人を多く扱っています。同社は人材派遣サービス、紹介予定派遣サービス、アウトソーシングサービスの3つの事業を柱として運営しており、人材派遣事業の中でも、事務職志望のスタッフを無期雇用しながら研修を行う「キャリアウィンク」、留学生向けの派遣を扱う「ジャパニン」など、それぞれの年代やワークスタイルに合わせたサービスを提供しています。

同社の2020年4月時点での売上は2274億円です。同時点での登録スタッフ数は約101万人に及び、大手グループ会社という知名度の高さや取り扱い求人数の多さから派遣スタッフの獲得に成功しているのだと推測できます。

福利厚生やキャリアアップの環境も整備

同社では、非公開の求人を含め、平均1万4000件の求人を扱っています（2020年1月分）。

福利厚生に関しては、基本となる保険制度や健康診断のほか、ベビーシッターの割引などのサービスがあります。

また、「**スタディサプリ**」など、教育分野にも事業展開しているリクルートグループの教材を優待価格で利用することができるなど、独自のサービスで面接対策講座が用意されています。

リクルートグループ
リクルートホールディングスが株を保有するグループ企業。HRテクノロジー事業、メディア＆ソリューション事業、人材派遣事業の3つの事業体制を持ち、リクルートのほか海外企業を含む多くの会社で構成されている。

スタディサプリ
リクルートマーケティングパートナーズが運営するサービス。2011年に「受験サプリ」として開始された。小学生から社会人までを対象に、受験対策、英語資格対策のサポートを行っている。

▶ リクルートスタッフィングの基本情報

運営企業	株式会社リクルートスタッフィング
サービス開始	1987年
利用者数	約101万人（2020年4月現在）
売上	約2274億円（2020年3月期）
対象者	大手企業での派遣勤務を希望する人など
ユーザー層	（下記の円グラフ参照）
求人情報数	約1万4000件
求人掲載企業	大手企業が中心
特徴	グループ企業の強みを生かして優良企業の求人を多く提供する

ユーザー層の円グラフ

- 18～24歳
- 25～34歳
- 35～44歳
- 45～54歳
- 55歳以上

5.38%
19.86%
12.8%
25.77%
36.19%

25～34歳の若手層が比較的多い

※サイト訪問者からユーザー層を推定

出所：SimilarWebを元に作成

第3章　労働力確保分野の主要なサービス

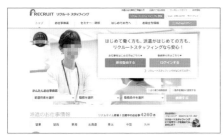

リクルートスタッフィングトップページ。公開中の求人数がリアルタイムで表示される

同社提供のスタディサプリ。キャリアアップサービスの一環として優待価格で利用可能

人材派遣のサービス③
パソナ

パソナは、テンプスタッフと同様に早い段階で人材派遣サービスを開始した
パイオニア的存在です。会社規模や売上高は多いのですが、ほかのサービス
よりも営業利益率が小さい点がやや弱点とはいえるでしょう。

日本における人材派遣のパイオニア

パソナは、パソナが運営する人材派遣サービスです。

人材派遣が日本で普及し始めたのは1980年代からですが、パ
ソナは1976年に設立された、業界のパイオニア的企業です。正
確には、日本で人材派遣サービスが開始されたのは労働者派遣法
が成立した1985年以降ですが、同法が成立するまでに培った請
負業のノウハウを用いて事業を展開し、人材派遣の代表的なサー
ビスに成長しました。

知名度が高いため、派遣スタッフの募集に有利という強みがあ
ります。派遣スタッフが増えるほど、派遣先企業にも働き手の多
さをアピールしやすくなるからです。

売上高は、2020年5月期の決算では3250億円と発表されまし
た。これは、リクルートスタッフィングの2274億円に対して
1.5倍弱の額です。

弱みは売上利益率の低さ

人材派遣の代表的な企業である一方で、営業利益率は比較的低
い傾向にあります。不動産業の営業利益は約10％なのに対し、
人材派遣業界では営業利益率の平均がおよそ3％ほどとかなり低
いです。パソナも、売上営業利益率の低さに苦しむ一社です。

同社の営業利益率の推移は、2016年には1.4％、そこから徐々
に右肩上がりになり、2020年には3.3％にまで上昇しました。

しかし、前述したパーソルテンプスタッフ（2020年3月期の
売上営業利益率は4.0％）やリクルートスタッフィング（2020年
3月期の売上営業利益率は6.8％）に比べると、依然少ないのが
現状です。

営業利益率
売上高に対する、営
業利益（売上高から
売上原価や販売費な
どを差し引いた金
額）の割合。

▶ パソナの基本情報

運営企業	**株式会社パソナグループ**
サービス開始	1986年7月（派遣事業許可取得） （請負業は1976年に開始）
利用者数	約60万人
売上	約3250億円（2020年5月期の連結売上高）
対象者	企業規模の大小を問わず働きたい人など
ユーザー層	■ 18〜24歳　■ 25〜34歳　■ 35〜44歳　■ 45〜54歳　■ 55歳以上 6.63%　13.3%　18.52%　27.99%　33.56% 35〜54歳の割合が比較的多い ※サイト訪問者からユーザー層を推定　　出所：SimilarWebを元に作成
求人情報数	約5300件（出所：アドバンスフロー）
求人掲載企業	大手企業が中心
特徴	保険のほかにも趣味・教養講座など娯楽の福利厚生が充実している

パソナトップページ。満足度調査の結果などのアピールポイントが記載されている

医師事務作業補助者の特集ページ。資格講座などを設け初心者へも訴求している

人材ビジネス企業が展開するほかの事業

学生の進学サポートから企業の経営サポートまで

大手人材ビジネス企業は、人材ビジネス以外のさまざまな事業にも活発な動きが見られます。たとえば、大手人材サービス企業「マイナビ」では、ニュース・ウエディング・農業・教育・出版・飲食店の運営といった生活情報分野などさまざまな切り口で事業を展開しています。

その取り組みの1つである「マイナビ進学」は、大学・短大・専門学校の情報を掲載した進学情報サイトであり、学校情報のほか、学校見学会、オープンキャンパスや入試・出願などの情報を更新しています。「どんな社会人になりたいか」「そのために何を学べばよいか」を学べる無料進学情報誌の配布や、大学・短期大学・大学院・専門学校を含む進学に関するイベントの開催といったサービスまで展開しています。

また、「マイナビ健康経営」では、中小企業の多くが見舞われている深刻な後継者難へのサポートのほか、従業員のニーズに合致した育成・研修プログラムの構築、福利厚生の提供など、組織規模を問わず存在する、「人にまつわる新たな経営課題」について取り組んでいます。

このサービスは、主に、4つの事業で構成されています。一定期間他社で就業するサービスや、長寿企業への支援サービス（たとえば、事業の継承先のマッチングを行う「マイナビ事業承継」）、従業員の健康増進、SDGsの理念に沿った商材開発・販売を行う「物販事業」、働き方を支える「福利厚生支援事業」です。

不動産情報を扱うサービスまで展開

リクルートの子会社の1つであるリクルート住まいカンパニーは、不動産情報サイト「SUUMO（スーモ）」を運営しています。

パソコン・スマートフォンからかんたんに賃貸住宅、新築マンション、中古一戸建てなどの物件情報が入手できるほか、不動産事例やノウハウ情報の掲載によって引っ越し初心者でも安心して住まい探しができるようなサポートを行っています。

第 **4** 章

求人広告サービスの基礎知識・組織・実務

求人広告サービスは、パート・アルバイト採用から新卒採用、中途採用といった多くの採用活動に利用されるポピュラーなサービスです。本章では、求人広告サービスの基本的な構造から、実務で役立つコツやポイントを解説します。

Chapter4
01

求人広告サービス
のしくみ

求人広告サービスは、媒体に求人情報を掲載し、その掲載料を売上として運営しています。企業も求職者も手軽に利用しやすいことから、とてもポピュラーな手法であるといえるでしょう。

求人を掲載するプラットフォーム

これまで解説してきた通り、求人広告とは、企業の求人情報を紙媒体やWeb媒体に掲載し、求職者とマッチングさせる手法です。求人広告の紙媒体やWeb媒体は、さまざまな企業からの求人が一手に集まるプラットフォームとしての機能を持ちます。

求人を掲載する企業にとっても、さまざまな仕事を比較検討したい求職者にとっても、求人広告の利用はとても手軽であるため、「労働力確保」の中でもっともポピュラーな手法です。

求人広告を行う会社や部署では、まず電話や訪問などによって企業に対し営業を行い、求人掲載を提案します。受注ができれば、掲載費用を受け取り求人を出します。企業の要望などを元に求人の原稿を作成することもあります。

プラットフォーム
台、壇、高地を意味する言葉。転じて、サービスや情報が1つに集まる場という意味もある。

求人広告は直販と代理店の2種類ある

求人広告には、人材事業とは別に広告事業としての側面もあります。一般に広告事業は、自社の商品・サービスを自社で運営するケースと、外部の広告代理店に発注して商品やサービスの広告を制作するケースの2つに大別できます。

同様に求人広告にも、独自のプラットフォームを持つ企業が自社媒体への求人掲載を持ちかける「直販」と、広告媒体と企業の間を仲介する「代理店」の2種類があります。

求人サービスを利用する側としては、対応速度に重きを置く場合は、発注作業や原稿修正対応などがほとんど社内だけで完結する直販に利点があります。

一方、複数媒体の情報を一挙に得たい場合は、各媒体の窓口的役割を担う代理店が適しているといえます。

広告事業
広告を出したいと考える企業への提案や、広告の企画、制作を行う。広告代理店では、新聞、テレビ、インターネットなどの広告掲載メディアと広告を出したい企業を仲介する。代理店内で制作部門を持ち内部で制作する場合と外部の制作会社に制作を依頼する場合がある。

▶ 直販と代理店のしくみ

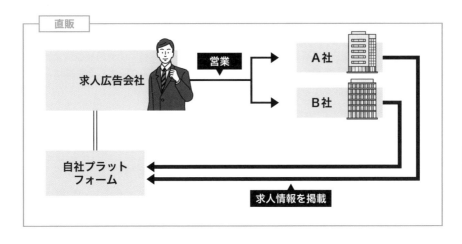

広告に関する作業が社内で完結する＝対応が速い
市場調査や利用者アンケートなどを元にデータ収集も行っており、
代理店が知らない情報やノウハウを持っていることもある

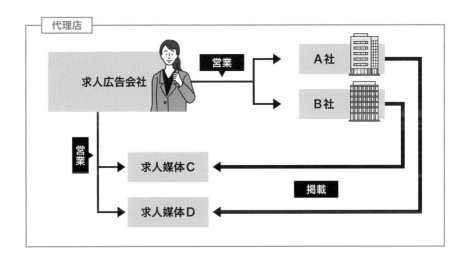

複数の求人媒体と連携する＝連携する媒体数が強み
求人媒体と企業、2方面に営業をかける。数ある求人媒体の中から、
企業の採用目的に適したものを紹介することが可能

Chapter4 02
求人広告サービスの利益構造

求人広告の掲載料が売上であり、その金額は掲載期間や応募数によって変化します。さらに、Web上での求人広告サービスに特化した企業は人件費が抑えられるため利益率が高い傾向にあります。

求人原稿
求人広告に掲載する際に必要となる、業務内容、待遇、求める人物など募集要項をまとめた文。この文章が求人の印象を左右することもあるため、求人広告会社が代行する場合もある。

掲載型
求人広告を掲載することで料金が発生する方法。何人採用しても料金は一定のため、採用人数が多い場合によく利用される。

応募型
応募がきた際に料金が発生する方法。求人情報の掲載自体は無料で行えるため、採用率が高い企業に向いているとされる。

成功報酬型
採用が決まるまでいっさい費用がかからない方法。採用が決まった際にのみ料金が発生するため、初期費用の安さが大きな魅力。

閲覧型
クリック単価（46ページ参照）を基にして料金が発生する方法。

掲載企業からの掲載料が売上となる

　求人広告は、求職者は無料で利用できる媒体がほとんどです。紙媒体であれば、街中で無料配布されていますし、Web媒体は、無料で閲覧・応募まで利用できます。

　求人広告会社の売上は、求人を掲載する企業から受け取る手数料（掲載料）であり、そこから経費（求人原稿を外注している場合の外注費、代理店と連携している場合の代理店手数料など）や人件費などを引いた金額が利益です。

　ほかにも紙媒体だけでなく、Web媒体をメインとした企業もあり、「バイトル」を運営するディップや「エン転職」を運営するエン・ジャパンがこれに該当します。人件費が削減できるため、Web媒体を主力としている会社のほうが利益率が高い傾向にあり、新規の紙媒体による求人誌は登場しづらいといえるでしょう。2019年には、エン・ジャパンの営業利益率が23.9％、ディップの営業利益は30％を記録しています。

「掲載にかかる手数料」は掲載期間などで決まる

　上記で説明した「掲載にかかる手数料」は、いくつかのパターンに分かれます。まず、媒体に掲載すること自体で費用がかかる「掲載型」です。「いつまでの掲載で○○円」と決められるもので、この方法を採用する媒体が多いです。

　それ以外にも、応募数に応じて費用を請求する「応募型」や、実際に採用された人数を元に請求する「成功報酬型」、閲覧数を元に請求する「閲覧型」などです。さらに、求職者へのメッセージ代行や求人情報を優先的に表示できるオプションサービスによって料金を請求できるケースもあります。

▶ ディップ 営業利益／売上高営業利益率の推移

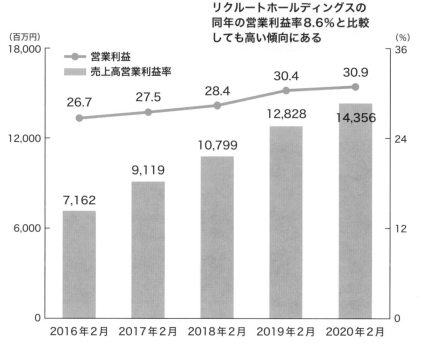

リクルートホールディングスの
同年の営業利益率8.6%と比較
しても高い傾向にある

(百万円)　　　　　　　　　　　　　　　　　　　　　(%)

営業利益
売上高営業利益率

	2016年2月	2017年2月	2018年2月	2019年2月	2020年2月
営業利益率	26.7	27.5	28.4	30.4	30.9
営業利益	7,162	9,119	10,799	12,828	14,356

出所：ディップ「業績ハイライト」

▶ doda（掲載型）プラン別掲載料金の一例

内容が豊富
なほど料金
が高い！

		Aタイプ	Cタイプ	Eタイプ
掲載料金（4週間）		25万円	60万円	150万円
検索一覧画面の画像サイズ		×（テキストのみ）	260×195px 加工不可	395×283px 加工可
募集要項	Pickup！ページの作成	×	×	○
	メッセージブロック（500文字・画像1点）	×	○	×（かわりにPickup！ページを利用可能）
	企業からのメッセージ（150文字・画像1点）	○	×	
	社員インタビュー	×	2人	3人
	フリー項目	1項目	2項目	3項目

Chapter4
03

求人広告に掲載する際の
手数料の相場

求人広告の掲載費は、新卒採用、中途採用、パート・アルバイト採用といった分野によって相場が異なります。パート・アルバイト採用は数万円台から掲載できますが、正社員を雇用する求人では十数万円からが一般的です。

中途・新卒採用向けの掲載の相場

掲載にかかる費用は、対象とする地域や採用の種類、利用する媒体、掲載期間などによって異なります。

たとえば、中途採用の求人広告における大手サービスであるリクナビNEXTでは、関東圏を対象に6週間掲載する場合は約20万円、「はたらいく」では2週間の掲載で約15万円、「とらばーゆ」は1週間で約15万円です。

対して新卒採用においては、たとえば大手サービスのマイナビでは1シーズン約80万円から広告掲載が可能です。広告を掲載するだけではなく、学生にダイレクトメールを送付したり、サイト内の上位に表示されるようにしたりなど、有料オプションが併用されるケースが多く見られます。

新卒採用、中途採用ともに各媒体に強みがあり、また、それぞれ利用する有料オプションなどによっても料金が変わるため、利用の際は比較検討されます。

1シーズン
毎年対象の学生が更新される新卒の求人では、基本1年単位で料金が設定される。マイナビでは、その年の3月から翌年の3月までが1シーズンと設定されている。

ダイレクトメール
個人や法人に宛てて送られる郵送物や電子メール。求人広告においては、条件と合致した求職者に対して企業が送付できる簡易的なメッセージのこと。

パート・アルバイト向けの掲載の相場

パート・アルバイト採用の掲載にかかる費用は比較的安価です。パートやアルバイトの採用に特化した各媒体の掲載料金を見ると、バイトルは4週間約3万4000円から、イーアイデムでは1週間約3万円から、マイナビバイトは1週間約2万円から掲載が可能となっています。

高額プランの中には1週間で40万円と、社員募集と同額程度のコストがかかるものもありますが、その分サイト内での露出が多くなり、応募を集めやすくなります。

▶ 広告掲載の際に選択が可能な有料オプション

新卒採用向けサービスの一例：マイナビ2021

企画名	料金	内容
志向・属性別マッチング企画	40万円〜	学生の志望業種とマッチする企業をピックアップ表示し学生の志望に応じての表示で、エントリーにつながりやすくする
メール広告	21万円〜	マイナビ編集部オススメ企業として、リンク付きメールを配信する
バナー広告	20万円〜	さまざまな箇所にバナーリンクを設置し、発見率を高める
DM・スカウトメール	10万円〜	条件を選択した学生のみに企業PR文面やスカウトメールを配信する

パート・アルバイト採用向けサービスの一例：イーアイデム

企画名	料金	内容
エリアトップバナー	4週10万円〜15万円	エリアトップページにバナーを掲出し、掲載中の原稿へ誘導する（PC用なら4週15万円、スマートフォン用なら4週10万円）
求人トピックス	1週3万円	エリアトップページのテキストバナーから掲載中の原稿へ誘導する
スターオプション	1週1万円	選択したプランが同じものの場合、オプションを選択していない企業よりも優先的に上位表示される より上位に表示が可能な「スーパースターオプション」（1週2万円）も
カラーオプション	1週1万円	検索一覧上で黄色に着色され、ほかの求人と視覚的な差別化を図ることができる

採用したい人数や予算を加味してオプションを選択できます。企業の採用担当者の視点で考えるとアピールしやすくなるでしょう

「新卒採用」と「中途採用」という2つの市場

パート・アルバイト採用は件数が多いものの、単価が低いため市場規模はそこまで大きくありません。新卒採用は、中途採用より規模が小さいですが、今後は就活解禁日の廃止によりターゲット層が広がる可能性があります。

求職の申し込みは年度の変わり目に増加する

2019年に掲載された求人広告は年間1767万9752件で、前年と比較し22.4%増加しました。拡大が進む求人広告事業の中でも、メインとなっているのは新卒採用市場と中途採用市場です。

新卒市場は、2016年以降毎年1000億円以上が動いている市場です。情報の解禁日程などに規定があるため、学生や企業がいっせいに動く傾向にあります。

中途採用市場は、新卒よりもより市場規模が大きいです。繁忙期と閑散期はもちろんあるものの、1年を通して動き続ける市場となっており、2021年には6000億円を超えるのではないかという予測もあります。一般的に新規求職申込数は1月〜4月に増加するとされています。転職も例に漏れず、4月に申し込みが増加する場合が多いです。また、3月決算の企業では4月が年度初めとなります。環境や気持ちに起こる変化が、転職を考え始めるきっかけにつながっているとされます。

新卒広告のターゲット層は拡大する可能性がある

広報解禁
企業の採用情報が公開されること。広報解禁日の3月1日が新卒採用の開始日であるため、この日に合同説明会などのイベントが開催されることが多い。

新卒求人に関しては、2020年現在、経団連（日本経済団体連合会）の指導の元で解禁日が定められています。広報解禁が3月、選考解禁が6月、内定解禁が10月です。そのため、3月の時点で翌年3月に卒業が見込まれる大学生・大学院生が新卒採用での主なターゲットとなります。

しかし、2018年、日本経済団体連合会から「解禁日を廃止する」と発表があったため、今後は新卒採用のターゲット層が拡大するのではないかと予想されます。ただし2020年11月時点では、廃止の詳細はまだ発表されていません。

新規求職申込件数の推移

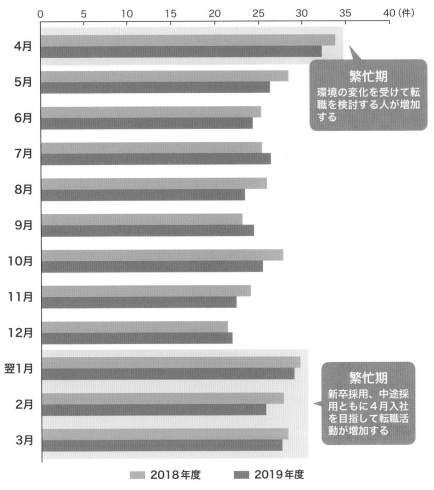

繁忙期
環境の変化を受けて転職を検討する人が増加する

繁忙期
新卒採用、中途採用ともに4月入社を目指して転職活動が増加する

2018年度　2019年度

出所：厚生労働省「一般職業紹介状況」

2021年現在の新卒採用のスケジュール

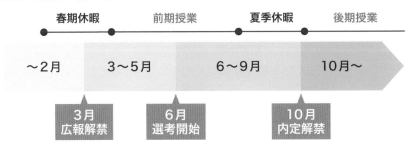

春期休暇　前期授業　夏季休暇　後期授業

～2月　3～5月　6～9月　10月～

3月
広報解禁

6月
選考開始

10月
内定解禁

Chapter4 05

リクナビとマイナビ 2社の市場占有度

求人広告サービスで歴史・実績を持つサービスは、リクナビとマイナビの2つです。新型コロナウイルス感染症の影響を受けているものの、この2つのサービスは掲載社数や登録者数でそれぞれの強みを発揮しています。

掲載社数が強みの源泉だったリクナビ

登録学生数
各求人広告サイトに登録している学生の数。登録することで、学生は企業の求人を閲覧できるほか、インターンやセミナーに応募したり企業からのメッセージを受け取ったりすることができる。

2017年卒から伸び続けていた求人広告全体の掲載社数と登録学生数が2021年卒で初めて前年を下回りましたが、そんな中変わらず支持され続けたサービスが、リクナビとマイナビです。

新卒採用分野のパイオニア的存在であるリクナビは、元々掲載社数に強みを持っていました。2021年、全体の掲載社数が落ち込む状況下であっても、その数は約24万件に上りました。掲載母数が最大だった2020年卒では30万以上の掲載数を誇っていたことからも、リクナビの市場規模が伺えます。

急成長を見せるマイナビ

掲載母数
求人が掲載された総数。2019年卒を対象とした大卒採用の求人総数は81.4万人であった。

一方のマイナビは、登録学生数の多さが魅力です。全体の母数が減少した中でも、マイナビが2021年卒向けに公開したサービスでは、登録学生数は約84万でした。また、2020年卒では90万人を超える学生が登録しており、同年のリクナビ（約80万人）やキャリタス（約37万）と比較してもかなり多くの利用者を獲得しているといえます。

さらに、マイナビには掲載社数を伸ばしているという側面もあります。2021年卒では、リクナビを抑えマイナビが掲載社数トップとなったのです。前年に約24万だった掲載社数は約25万に伸び、前年比が唯一100％を越えました。

しかし、就職活動において多様なサービスが登場し、学生の就職活動の選択肢が増えたことに加え、就活生同士で選考過程・エントリーシートなどの情報を共有できる「クチコミサイト」が人気を博していることから、数年後にはこの2社による市場の占有が崩れると予想されます。

▶ 2020年2月までに就活生が活用したサイト

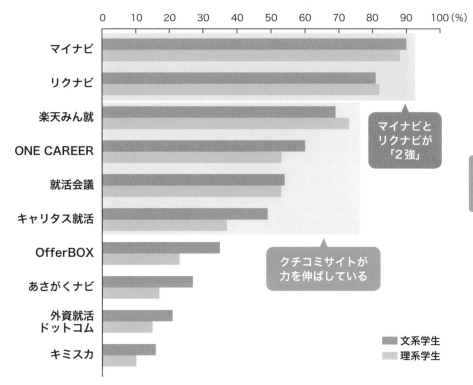

凡例:
- 文系学生
- 理系学生

吹き出し：マイナビとリクナビが「2強」

吹き出し：クチコミサイトが力を伸ばしている

※調査対象は2021年卒予定の「楽天みん就」会員。複数回答可
出所：HR総研、楽天みん就「2021年卒学生の就職活動動向調査」

▶ 新卒採用サイトの顧客満足度トップ5

1	マイナビ	71.86点
2	リクナビ	70.84点
3	ダイヤモンド就活ナビ	70.09点
4	キャリタス就活	67.45点
5	あさがくナビ	65.83点

出所：オリコン顧客満足度ランキング「新卒採用サイトのランキング・比較」

吹き出し：マイナビもリクナビも、多くの利用者から高い満足度を獲得しています

Chapter4
06

新卒採用の多様化で企業と就活生に起きる変容

2015年ごろから大卒の求人倍率が上昇し、いわゆる「売り手市場」が続いた新卒採用。そこで、より多くの就活生に利用してもらえるよう、新卒採用に関連するサービスが多様化してきました。

中途で主流の紹介サービスが新卒採用でも活躍

　　新卒紹介サービスとは、アドバイザーが企業と就活生の間に入りマッチングを行う採用方法です。企業にはどのような人材を求めているのかをヒアリングし、就活生にはどのようなキャリア形成を思い描いているのかを聞きます。新卒紹介サービスは、企業と就活生の双方が納得できる採用活動・就職活動をサポートする役割を担います。

　　人材紹介サービスは中途採用では主流ですが、新卒採用でも使われるようになったのは2000年代前半からのことです。

　　中途採用と同様、成功報酬型でコストパフォーマンスが高い点や、採用工数を大幅に削減できるという点から、注目を集めるようになりました。

　　企業の情報収集をするための一手段として進んで新卒紹介サービスを利用する就活生も多く、新卒紹介サービスに登録している学生は就職活動に対し積極的に動いている傾向にあります。

合同説明会やセミナーも活発に行われている

　　「インターンシップEXPO」は、インターンシップやワンデー仕事体験を開催する企業が全国から集結する合同説明会です。マイナビが主宰を務めるこのイベントは、企業と就活生が早期に接触できる機会として全国33都市で活用されています。

　　また、学研が行っている「学研就職セミナー」は、理工系の学生向けに特化したものです。その中でも、女子理工系・情報系、機械・電気・情報系留学生、高専生など、幅広い対象者が設定されています。

採用工数
工数とは作業量のこと。つまり、企業が採用活動を行う際の作業量を指す。

インターンシップ
求職者が、就労を希望する企業で実際に働くことのできる就業体験。外資系で実施されていたものが、2000年代には企業にも学生にも一般的に普及し、現在は職業体験よりも就職活動としての側面が強くなった。

ワンデー仕事体験
職業体験の中でも、1日だけに期間を限定したもの。社員との座談会などが催される。

▶ 新卒紹介サービスを利用する流れ・メリット

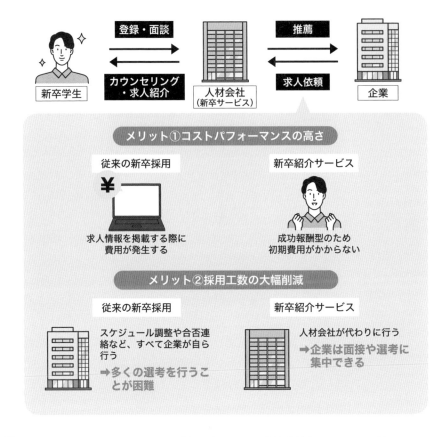

▶ 就活生視点で見たマイナビの「新卒紹介」と「就職情報サイト」の違い

	マイナビ新卒紹介	マイナビ（就職情報サイト）
応募方法	マイナビ新卒紹介枠の特別推薦（大学推薦との併願も可能）	自主応募
応募手続き	登録時に記載した登録申し込み書で、ESの提出を省略できる	サイト上から多くの企業へエントリーができる
求人の種類	非公開求人が中心	多くが公開求人
企業の選び方	カウンセリングなどを通し、適職を紹介してもらえる	自分で求人を選ぶことができる
面接など	自己PRの伝え方のポイントなどをアドバイスしてもらえる	サイト上に掲載されている就活ノウハウなどを活用できる

Chapter4 07

個人情報の取り扱い
に関する問題

求人広告を始めとする人材ビジネス企業では、求職者の個人情報が手元に集まります。求職者は、企業やサービスを信頼して個人情報を託しているため、その管理にはよりいっそう慎重にならなければいけません。

📍 利用者の個人情報を無断で販売してはいけない

**内定辞退率
予想データ**
サイトの閲覧履歴などといった就職活動データを基に作成された、個別の内定辞退率の予測データ。

2019年8月、就活生の「内定辞退率予想データ」を本人の明確な同意なしで企業へ有料で販売していたとされる「リクナビ問題」が発覚し、世間を騒がせました。

就活生は複数の企業から内定をもらうことが多く、内定辞退率は年々高まってきています。そのような状況下で、採用を行う企業の間に「辞退の可能性が低い学生を採用したい」というニーズが生まれ、このような問題に発展したのではないかと推測されています。

リクナビを運営するリクルートキャリアは、「優秀な内定者を自社に引き留めること」を目的に内定辞退率を提供したとしており、企業も「合否には関係していない」と主張していますが、実際どのように使用されたかは不明です。

情報提供により就活生に不利な影響が出るのではないか、と問題視されました。

個人情報保護法
情報化社会の進展やプライバシー問題を背景に、2003年に制定。人材ビジネスのような個人情報取扱事業者は大臣への報告義務が発生し、それに伴う改善措置などに従わなければ刑事罰が科される。

この問題で、違反しているのではないかと議論された法律は、個人情報保護法と職業安定法です。

📍 個人情報の保護は信頼に直結する課題

職業安定法
1947年に制定された法律。ハローワークの設置や、人材紹介事業（職業紹介事業）について規定している。

まず、本人の同意がないまま外部に個人情報を提供することは、個人情報保護法に違反します。また、職業安定法においても個人情報の適正な管理が求められているため、企業がデータを購入したことは違法であると指摘されました。実際に、複数の企業に厚生労働省による行政指導が入りました。

個人情報は守るべき大切な情報の1つです。慎重に、責任感を持って取り扱うことが望ましいでしょう。

▶ 2020年卒学生の就職内定辞退率

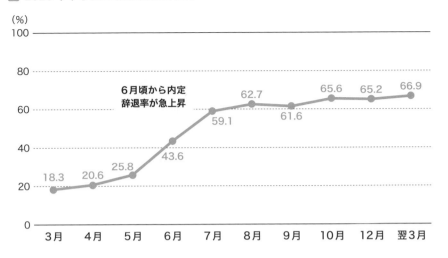

**6月頃から内定
辞退率が急上昇**

(%)

	3月	4月	5月	6月	7月	8月	9月	10月	12月	翌3月
	18.3	20.6	25.8	43.6	59.1	62.7	61.6	65.6	65.2	66.9

※3月は卒業時点、ほかは1日に集計

出所：就職みらい研究所「就職プロセス調査」

▶ 卒業時点内定辞退率の推移

(%)

**毎年上昇を続け、2016年
から2020年まで60%を
下回ったことはない**

	2014年	2015年	2016年	2017年	2018年	2019年	2020年
	46.5	54.0	63.9	64.1	65.0	67.8	66.9

出所：就職みらい研究所「就職プロセス調査」

内定辞退は企業にとって大きな課題。その解決のために内定
辞退率予想データが作成されたと考えられますが、「個人情
報」を「本人の同意なく」販売した点が問題となりました

第4章

求人広告サービスの基礎知識・組織・実務

Chapter4
08

第2新卒を対象とした
転職求人広告

2000年代前半から第2新卒をメインとしたサービスが開始され、「第2新卒」というポジションに注目が集まりました。第2新卒を採用するメリットとしては、教育コストを抑えやすいことなどが挙げられます。

第2新卒とは転職活動を行う若年層のこと

一般に、第2新卒とは新卒で3年以内に離職した人物、あるいは学校卒業後おおむね3年以内の人物を指します。明確な定義はありませんが、今後の成長に期待ができる年齢層の人材です。

職歴の浅い若手をスキルで判断することは難しいですが、前職の影響が少ないため自社文化に馴染みやすい点や、ビジネスマナーなどの教育にかかるコストを抑えられるといった点から、主に中小企業からの注目を集めることとなりました。

また、新卒採用は競争が激しいため、十分な人数を得られなかった際の人手不足解消になる点もメリットとして挙げられます。

「第2新卒歓迎」は広告に記載できる

労働者を募集するにあたり、性別や年齢を限定したりや特定の人を差別したりするような記載は禁止されています。これらは男女雇用機会均等法や雇用対策法、労働基準法などによって定められており、求人広告もこれに倣う必要があります。

「第2新卒」という言葉は暗に年齢を限定しているように思えますが、年齢不問かつ職業経験を問わない募集であることを前提として、使用できます。

年齢不問の募集であっても具体的な年齢が入ると実質的な年齢制限を行っていると見なされるため、「20代歓迎」「35歳までの方優遇」などは使用できません。年齢制限の意図はなくても、こうした言葉はNGです。

ただし、あくまでもグレーゾーンにある言葉であるため、今後厚生労働省が制限を検討する可能性はあります。

男女雇用機会均等法
1985年に制定された法律。雇用・昇進・解雇などにおいて、性別を理由に差別を行うことを禁じている。

雇用対策法
1966年に制定された法律。2018年の改正により正式名称は「労働施策の総合的な推進並びに労働者の雇用の安定及び職業生活の充実等に関する法律」となった。

労働基準法
1947年に制定された法律。労働者の権利を保護する内容が記載されている。

▶ 企業における今後1年間の第2新卒者の採用見通し

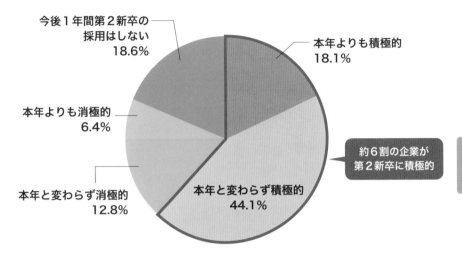

今後1年間第2新卒の
採用はしない
18.6%

本年よりも積極的
18.1%

本年よりも消極的
6.4%

約6割の企業が
第2新卒に積極的

本年と変わらず消極的
12.8%

本年と変わらず積極的
44.1%

※第2新卒者を「社会人経験1〜3年目の若手社員」と定義

出所：マイナビ転職「2016年中途採用状況調査」

▶ 2030年までに予想される若手人材確保の重要性の変化

新卒（第2新卒含む）採用を中心とした若手人材確保の重要性

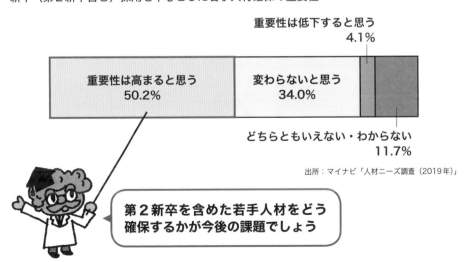

重要性は低下すると思う
4.1%

重要性は高まると思う
50.2%

変わらないと思う
34.0%

どちらともいえない・わからない
11.7%

出所：マイナビ「人材ニーズ調査（2019年）」

第2新卒を含めた若手人材をどう
確保するかが今後の課題でしょう

Chapter4 09

ミドル層・専門職を対象とした転職求人広告

30〜40代の経験豊富なミドル層は、終身雇用が主流だった時代に比べて転職しやすくなっています。また、専門職は資格や技術が評価され、比較的転職活動を行いやすく、専門職に特化したサービスも登場しています。

即戦力になれるスキルがミドル層の魅力

かつては35歳を過ぎると転職活動が難しくなるという、いわゆる「35歳転職限界説」が多く語られていました。

しかし、終身雇用や年功序列の慣習が身を潜めつつある近年、若手社員にはない経験やスキルを持つミドル層の人材を求めている企業は少なくありません。第2新卒のような成長見込みではなく、即戦力として企業に貢献できるスキルやマネジメント経験の有無が重要視されます。

求人広告にも「ミドル層活躍中」と記載のあるものも多く存在します。また、マイナビミドルシニア、ミドルの転職など、ミドル層の転職に特化したサイトも見られます。

専門職は転職しやすい

専門職には、医師や弁護士など国家資格を取得しなければ就業できないものや、プログラマー、デザイナー、システムエンジニアなどのように特定の資格ではなく顧客から要求されるスキルを有する必要のあるものなどがあります。

特定のジャンルに強みを持つ専門職は、比較的転職活動がスムーズに進む傾向にあります。資格や技術を持つ人材の母数が少なく、企業から希少価値を評価されやすいためです。

こうした背景から、特定の専門職に限定した転職サイトを展開する人材企業も増えています。

医師であればリクルートドクターズキャリアや医師転職ドットコム、IT関連であればレバテックやDYM IT転職など、求人広告のほか人材紹介サービスにも豊富な情報があります。

35歳転職限界説
35歳になると定年までの期間が短いため、この歳で転職するとキャリアアップが難しくなるという説。

希少価値
「令和2年11月分職業別一般職業紹介状況（除パート）」によると、専門的・技術的職業の中でも「建築・土木・測量技術者」の有効求人倍率が6.04倍と高く、ほかの事務的職業（0.30倍）やサービスの職業（2.09倍）と比べてもかなり市場での価値が高いといえる。

企業が2019年に中途採用した40代以上の世代の採用理由

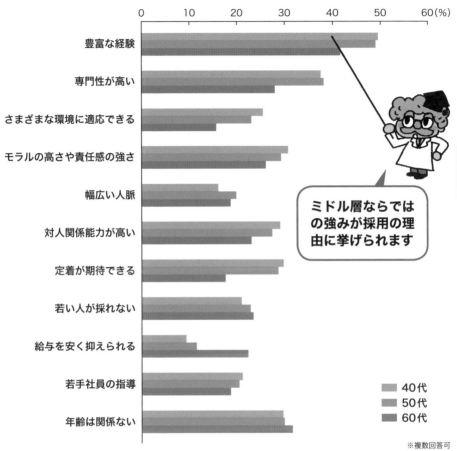

ミドル層ならではの強みが採用の理由に挙げられます

40代
50代
60代

※複数回答可
出所：マイナビ「中途採用状況調査」

🖋 ONE POINT

専門職の転職活動は
比較的早期に完結する

通常、転職活動には3～4カ月程度の時間が必要とされていますが、医療業界ではその限りではありません。求職者の退職時期によって違いがあるものの、求職者が応募してから10日以内に内定が出るなど、1カ月で入職まで進むケースも多く見られます。医療業界に限らず、専門職は限られた人員で運営されていることが多く、1人でも退職者が出ると業務に支障をきたす可能性があります。迅速に人材を確保したい、という企業の希望により、専門職は早くに内定が出やすいのです。

Chapter4
10

間接的な求人広告で
転職潜在層へアプローチする

中途採用市場の拡大には、自ら進んで転職活動を行う転職顕在層だけでなく、転職を意識していない転職潜在層へのアプローチも必要です。そのためには、転職顕在層とは違った間接的なアプローチが求められます。

転職活動せずとも転職意欲がある人はいる

転職潜在層
転職意欲はあるものの、具体的な転職活動は行っていない人材のこと。情報収集ではなく企業からのスカウトを待つ目的で、転職サイトへ登録を行っている人もいる。

転職顕在層
転職意欲があり、企業との面接、転職サイトでの情報収集など実際に活動をしている人材のこと。

転職潜在層とは、ハローワークの利用や求人サイトへの登録はしていないものの、よい求人や会社があれば転職をしようかと考えている人たちです。反対に、転職活動をしている人たちのことは転職顕在層を呼びます。

顕在層とは異なり、潜在層へのアプローチは難しいとされています。転職潜在層にいる人たちは、そもそも求人情報を探していないためです。

仕事のやりがいや給与、残業の多さなど、転職の理由は転職顕在層も転職潜在層も同じである場合が多いです。異なる点は転職に踏み切るタイミングで、現状で不満が少ない転職潜在層は、人事異動や家庭環境などの変化をきっかけとして具体的に転職活動を行うようになります。

転職潜在層に転職のきっかけを提供する

転職潜在層へのアプローチがうまくいくと、他社と競合することなく採用を行うことができるため、この層に継続的なアプローチを続ける企業も少なくありません。

転職潜在層へのアプローチに効果的とされているのは、SNSを利用した広告です。しかし「求人募集中！」といったの露骨な広告では、潜在層に見てもらうことはできません。

適性検査
学力・能力・性格などを数値化して測定し、企業との適性を図るための検査のこと。SPI3といった数時間要する検査から数十分で終わる簡易的な検査もある。

そこで、求人情報を直接提示するのではなく、人材サービス企業側も適性検査を行えるページを用意するなどの工夫が見られるようになりました。広告によって転職を考えるきっかけをつくり、その後具体的な求人を見てもらう、という方法なら転職潜在層にもアピールができるためです。

▶ 転職意思・転職活動の有無

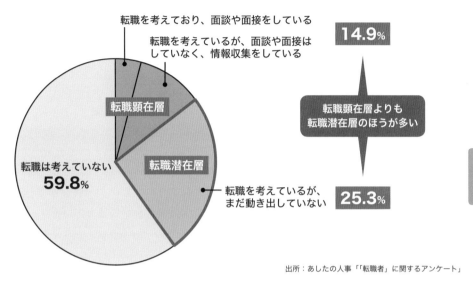

転職を考えており、面談や面接をしている　**14.9%**

転職を考えているが、面談や面接は
していなく、情報収集をしている

転職顕在層

転職は考えていない
59.8%

転職潜在層

転職顕在層よりも
転職潜在層のほうが多い

転職を考えているが、
まだ動き出していない　**25.3%**

出所：あしたの人事「「転職者」に関するアンケート」

▶ SNS広告を利用して転職潜在層に訴求する

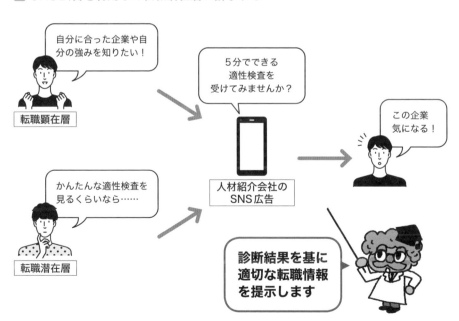

自分に合った企業や自
分の強みを知りたい！

転職顕在層

5分でできる
適性検査を
受けてみませんか？

この企業
気になる！

かんたんな適性検査を
見るくらいなら……

転職潜在層

人材紹介会社の
SNS広告

診断結果を基に
適切な転職情報
を提示します

Chapter4 11

SNSでの採用で注目を集める Wantedly

2012年にサービスを開始したWantedlyは、従来の求人広告のセオリーに乗っ取らない新しい方法で規模を拡大させました。SNSと連携させたその手法によって、若年層を中心に利用されています。

SNSと連携して求人募集が行われる

ウォンテッドリー
2010年設立。「シゴトでココロオドルひとをふやす」をミッションとしている。働くすべての人が共感を通じて出会い、つながり、そのつながりを深められるようなビジネスSNSを提供する。

ウォンテッドリーが提供する「Wantedly Visit」は、2012年から開始されたSNS型の採用広報ツールです。ユーザー数は140万人を超え、採用活動を行う企業からの注目を集めています。

「SNS型」を謳うこのサービスでは、Facebookとの連携が行えるようになっています。

企業は企業概要や求人情報を自らWantedlyのプラットフォームに掲載し、その内容をSNSで拡散するという方法が採られています。中途採用や新卒採用に加え、インターン採用の募集もあり、主に20代から30代の若年層をターゲットとしています。

応募要項に待遇の記載ができない

Wantedly Visitの求人は、福利厚生、給与などを応募要項に記載することができないという点が大きな特徴といえるでしょう。

企業の風土やビジョン、価値観を伝えることに重きを置いており、チームや仕事の魅力を前面に出した広告を掲載できます。事務的に企業と求職者が仲介されるのではなく、「気になる」「おもしろそう」といった求職者の関心によって企業とつながるため、入社後のミスマッチを防止する役割も担っています。

企業訪問
求職者が自ら企業に連絡を取り、業務の見学や担当者との会談を行うこと。

また、ほかの求人媒体とは異なり、求職者はエントリーの前に**企業訪問**を行うことも特徴の1つです。直接会って話す機会をつくることが重視されているため、気軽に企業とコンタクトをとることができます。

なお同社はWantedly Visitで募集した人材を管理するツール「Wantedly Admin」や、名刺をデータ化するサービス「Wantedly People」などもリリースしています。

▶ 企業がWantedly Visitを利用する流れ

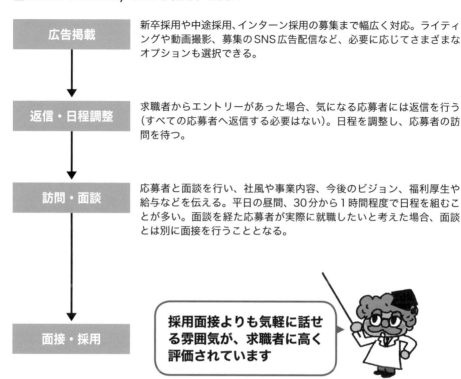

| 広告掲載 | 新卒採用や中途採用、インターン採用の募集まで幅広く対応。ライティングや動画撮影、募集のSNS広告配信など、必要に応じてさまざまなオプションも選択できる。 |

| 返信・日程調整 | 求職者からエントリーがあった場合、気になる応募者には返信を行う（すべての応募者へ返信する必要はない）。日程を調整し、応募者の訪問を待つ。 |

| 訪問・面談 | 応募者と面談を行い、社風や事業内容、今後のビジョン、福利厚生や給与などを伝える。平日の昼間、30分から1時間程度で日程を組むことが多い。面談を経た応募者が実際に就職したいと考えた場合、面談とは別に面接を行うこととなる。 |

| 面接・採用 | |

採用面接よりも気軽に話せる雰囲気が、求職者に高く評価されています

▶ 年齢別ユーザー構成比

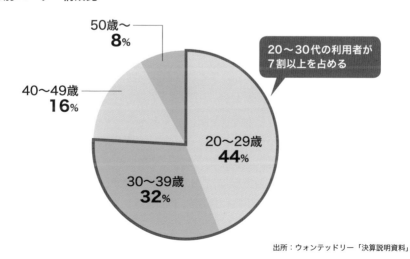

50歳～
8%

40～49歳
16%

20～30代の利用者が
7割以上を占める

20～29歳
44%

30～39歳
32%

出所：ウォンテッドリー「決算説明資料」

Chapter4

12

求人広告の公開と採用までの流れ

求人広告は、広告を通じて企業の課題を解決することが目的です。そのため、部門が分かれていることもありますが、依頼の受注からアフターフォローまでをセットとして業務を行っていきます。

営業先企業を決定し、受注を取る

　求人広告の業務は営業先のリストアップから始めます。新規企業、休眠企業など、求人広告の需要がある企業が狙い目です。

　次にリストアップした企業にアプローチをし、アポイントメントの取得を目指します。主な手法としてはテレアポが挙げられるでしょう。

　アポイントメントが取れた後は商談と後追いをくり返します。実際に企業に訪問し、採用課題や採用計画など、採用状況について詳細にヒアリングします。企業の採用計画に合わせて、適切なタイミングで受注を取ることが重要です。

広告掲載後も業務が続く

　受注後、求人広告を制作するにあたって、改めて企業にヒアリングを行います。効果的な広告をつくる上で、企業の採用課題や求人内容を適切に理解することは不可欠です。

　広告の方向性や応募者に求めるスキル、仕事内容、募集背景など、広告掲載に必要な情報を確認します。同時にその企業の特徴や魅力を探り、求職者に興味を持ってもらえるような広告内容を考えていきます。

　これらの情報を基にして求人広告を制作し、その内容について企業から了承を得たら、求人公開です。

　また、その後もフォロー業務が続きます。企業の目的は求人情報を公開することではなく採用課題を解決することにあるため、求人中の企業に採用状況を確認し、広告の文面を再検討したり、広告掲載の延期などアドバイスしたりします。こうした細やかなフォローは、信頼を得るための重要な作業です。

テレアポ
テレフォンアポイントメント。電話によって新規の取引先と商談の場を設けること。

採用計画
年度ごとの採用に関する方針。採用予定人数や、採用者の配属先といった事項が、事業計画に基づいて計画される。人員計画とも呼ばれる。

▶ 求人広告掲載のおおまかな流れ

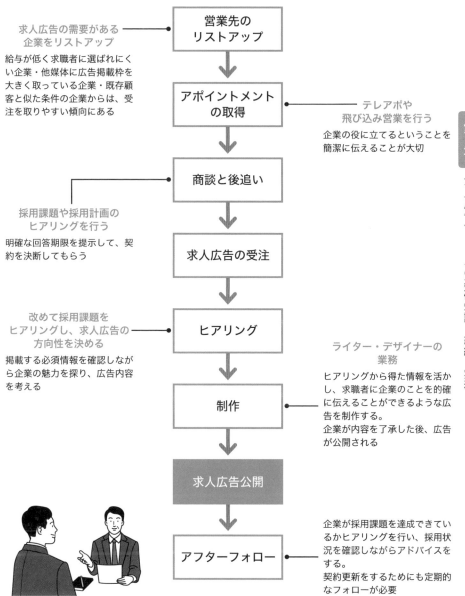

求人広告の需要がある
企業をリストアップ

給与が低く求職者に選ばれにくい企業・他媒体に広告掲載枠を大きく取っている企業・既存顧客と似た条件の企業からは、受注を取りやすい傾向にある

**営業先の
リストアップ**

**アポイントメント
の取得**

テレアポや
飛び込み営業を行う

企業の役に立てるということを簡潔に伝えることが大切

商談と後追い

採用課題や採用計画の
ヒアリングを行う

明確な回答期限を提示して、契約を決断してもらう

求人広告の受注

ヒアリング

改めて採用課題を
ヒアリングし、求人広告の
方向性を決める

掲載する必須情報を確認しながら企業の魅力を探り、広告内容を考える

ライター・デザイナーの
業務

ヒアリングから得た情報を活かし、求職者に企業のことを的確に伝えることができるような広告を制作する。
企業が内容を了承した後、広告が公開される

制作

求人広告公開

アフターフォロー

企業が採用課題を達成できているかヒアリングを行い、採用状況を確認しながらアドバイスをする。
契約更新をするためにも定期的なフォローが必要

Chapter4
13
求人広告サービスに関わる部署や人たち

営業マン1人だけで求人広告を作成できることはほとんどありません。広告の作成には、ライターやデザイナーとの協力が必要であり、チームとして企業の課題解決が求められます。

企業とコンタクトをとり依頼を受注する営業部門

　求人広告サービスといえば、営業部門が花形の部署でしょう。テレアポや飛び込み営業を通して求人を検討している企業の経営者や人事担当者とコンタクトをとり、求人広告掲載の依頼を受注します。ヒアリングを通して、企業の採用状況を確認します。

　また、代理店事業を行う求人広告会社は、採用計画の確認後、企業のニーズに合った媒体の検討・紹介を行います。

実際に求人広告をつくるライター・デザイナー

　制作（ライター）は、採用課題や求人内容を企業担当者へヒアリングを行います。ヒアリングと並行して、掲載する原稿のライティング、写真の撮影、かんたんな広告デザインの制作など、幅広い業務を受け持ちます。

　114ページで述べた通り、求人広告において、企業へのヒアリングは大きな意味を持ちます。企業が採用課題を達成するためには、適切な広告を打ち出すことが何よりの近道となるためです。

　そのための重要なカギとなるのが、営業部門と制作部門（ライター）がそれぞれに行うヒアリングです。そうして制作された原稿、撮影された写真などを受けて、ラフの制作や全体のイメージを固めていくことが、デザイナーの仕事になります。

　企業が選択した掲載プランによって、文字量が多かったり、画像の使用が限られていたりと、条件はさまざまです。プランに沿ってデザインを進めます。

　こうしてできあがった広告を企業に提出し掲載の許可が出ると、媒体に掲載され、求職者の元へと広告が届けられるのです。

ラフ
デザインの方向性やレイアウトなどを確認するためにざっくりと描かれたもの。

▶ 依頼の受注から広告の掲載まで

営業部門	

- テレアポや飛び込み営業で企業の担当者と**コンタクト**をとる
- 採用計画や採用状況を確認するために**ヒアリング**を実施
- **広告掲載の依頼を受注**
- （代理店の場合）企業のニーズに合わせて**掲載媒体**を検討

制作部門（ライター）

- **採用課題や求人内容**を企業の担当者にヒアリングを実施
- ヒアリングを基に、広告に掲載する原稿の**ライティング・写真の撮影**
- **広告デザインイメージ**の作成

デザイナー

- 営業部門・制作部門（ライター）が集めた資料やデータから、**ラフ**を制作
- 企業のプランに合わせて、**全体のイメージやボリューム**を決定

依頼元企業に提出し、確認と承諾を受ける

広告掲載

求人広告の業務では求職者との関わりが少ないものの、企業やデザイナーとの十分な連携が必要です。スムーズな意思疎通が必要とされます

Chapter4

14

新規企業開拓の
営業のポイント

どの業種であっても、営業職には「何件断られても落ち込まない精神」が必要だといわれます。それに加えて、求人広告の営業での具体的なコツとして「見込める企業の選び方」や「きめ細やかな対応」が挙げられます。

「受注が見込める企業」を見極める

営業先のリストアップを行う上では、受注見込みの高い企業に営業を行うということがもっとも大切です。

受注見込みの高い、つまり求人を望んでいる企業の特徴として、実際にすでに他媒体に求人広告を掲載して採用を行っているという点が挙げられます。求人広告に費用をかけている企業、とくに上位プランを利用している場合は、営業次第で広告を追加発注する可能性が高いといえます。

加えて、伸びている業界や慢性的な人手不足に悩む業界、自社が得意とする業界などの条件を追加していくことで、より受注の実現性を高めた企業を集めて、営業先をリスト化できます。

後追いで受注をつかむ

新規営業において、一度の商談で発注を受けるケースはそう多くありません。求人は1回の発注で完結するものではないため、長い目で見て、こまめに営業、連絡を行う必要があります。

たとえば、営業をかけていた企業Aが、自社と競合関係にある広告求人会社Bへの広告発注を決めたとします。企業Aの採用担当者はBに実際に広告を掲載するうちに「応募が集まらない」「スカウトメールの文面が求職者にきちんと訴求できているのかわからない」などの問題に直面します。

その課題解決のヒントをタイムリーに提供できれば、企業の担当者からの信頼獲得につながります。そのためには、ふだんからのこまめな連絡が不可欠です。

つまり、営業担当として、人事担当者との関係性をつくっておくことが受注のカギとなるのです。

上位プラン
求人広告にも、求人誌上でのスペースの広さや記載できる情報量など等級に応じた価格設定があり、同じサービス内でも最上位プランと最安プランでは10倍近く異なるようなこともある。求人広告に費用をかけるのは、それだけ採用活動に意欲的で拘りも強いといえる。

スカウトメール
条件に合致した求職者に対し、企業が送付できる具体的なメッセージ。場合によっては待遇なども記載されている。

▶ 求人広告新規開拓が成功する可能性の高い企業

他媒体に掲載中、もしくは直近掲載していた

掲載しても効果がない場合は別の求人広告会社に依頼しようと考える企業もあるため、動向をチェックしておく

長期的に掲載をしている

「積極的に採用を続けたい」「よい求職者がいたら採用をしたい」などの理由があるため、それらに対する自社の施策を提案する

掲載頻度が高い

企業の採用プランの周期を見極めてアプローチをする。募集頻度に統一性がない場合は欠員補充の可能性が高い

毎年同じ時期に掲載している

決まった時期に採用活動を行っている企業には、採用準備のタイミングを見計らい連絡をする

▶ 営業の優先度が低い企業

設立が古く従業員数も少ない

家族経営や縁故採用を主流とする企業であることが多い
➡特別な新サービスの登場や従業員数の増加がなければ、今後の拡大の可能性も低い

売上とは直結しない職種を募集している

バックオフィスの職種は欠員募集がメイン
➡応募が集まりすく採用がしやすいため採用単価が低い傾向にある

Chapter4
15

企業側と人材側の希望を叶える
コンサルティングのポイント

コンサルティングの基本は、課題を発見し、適切な解決方法を提案すること。
そのための第1ステップとして、適切に課題を発見するためのヒアリングを
行うことが大切です。

「ロールプレイング」がヒアリングに活きる

　企業が求める人材を集められるような広告をつくるためには、
企業へのヒアリングの際、「何を・どのように聞くか」がポイン
トになります。「何を聞くか」に関しては、事前にヒアリングシ
ートを準備しておくことで、ある程度解決できます。

　ヒアリングが十分に行えないというケースは、「どのように」
聞くかがわからない、もしくは「聞き方のバリエーションが少な
い」ケースです。

　聞き方を改善する、つまり質問力を上げるためには、ロールプ
レイングがよいとされます。企業担当者を演じる上司や先輩にヒ
アリングを行い、その後によかった点、改善点などをレビューし
てもらうという方法です。スマートフォンで動画を撮影し、自己
レビューするとより効果的とされます。

　ヒアリングはスポーツと同じように、くり返し反復練習を行う
ことで徐々に上達していくものです。

　社内でヒアリングが上手な上司や先輩の営業に同行し、そのヒ
アリングに実際に触れることも望ましいでしょう。

ロールプレイング
現実に起こる場面を
想定して複数の人が
それぞれ役を演じ、
疑似体験を通じて、
ある事柄が実際に起
こったときに適切に
対応できるようにす
る学習方法。

企業の魅力を的確に伝えるフレーズを考える

　実際に広告を制作する工程では、訴求力の高いキャッチフレー
ズも重要です。人が一度に知覚できる文字数は、13文字とされ
ています（京都大学大学院の研究による）。長すぎず短すぎない、
切れ味のよいフレーズが求められるのです。

　また、具体的な数字や実績は、求職者へのアピールに大いに役
立ちます。「少ない残業」と「月20時間以下の残業」、どちらが
より記憶に残りやすいかはいうまでもありません。

▶ ヒアリングの聞き方のパターン

**相手が話す
きっかけをつくる**

- 業界で話題になっている
キーワードを出す
- 相手が回答しやすいよう
に質問を投げかける

**興味を持って話を
聞いてもらう**

- 相手が関心を持っている
キーワードで話し始める
- 相手を主語にして話す

**よりわかりやすく
魅力を伝える**

- 実際の導入事例を、利用
者のコメントを交えなが
ら提示する
- 詳細を説明する前に、
サービスを利用すること
で得られる効果を挙げる

よい例

いま同業他社様で○○が話題ですが、それに関しまして御社ではどのようにお考えでしょうか？……

悪い例

弊社では△△というサービスを展開しています。このサービスではまず、……

▶ コピーで使えるテクニックの一例

Yahoo!ニュースのトピックスで使われる文字制限

国内	国際
・安倍氏の公設秘書を立件へ	・元仏大統領が死去 コロナ感染 NEW
・元農相疑惑 政権打撃に危機感 NEW	・中国標的の法案 米議会で可決 NEW
・元農水相コメント 入院治療中	・米 2月末までに1億人接種可に ▶ NEW
・GoToトラベル6月末まで延長へ	・中国 輸出管理法の品目を発表
・都GoTo自粛 キャンセル無料に	・香港の周庭氏に禁錮10カ月
・首相 コロナ巡り4日夕会見へ	・次の大統領選トランプ氏出馬?
・交差点「コンパクト化」進む NEW	・中国「100均のふるさと」激変
・親を捨て 家族じまいの苦しみ NEW	・「粗悪」モノリス 嘲笑の声
もっと見る	もっと見る

※ニュース記事は2020年12月3日12時点のもの

すべて13文字以内

少ない文字数で的確に伝わる
キャッチコピーを考えると、
覚えてもらいやすいでしょう

Chapter4
16

求人広告サービス会社で働くために必要な能力

顧客となる企業と連携を取るためには、コミュニケーション能力は必要不可欠。ただし、ただ場を盛り上げるだけでは仕事に活かせる能力とはいえません。真のコミュニケーション能力は相手の要望を聞き出すことにあります。

コミュニケーション能力は必須

　求人広告サービスは社内外の多くの人との連携で進んでいく仕事のため、高いコミュニケーション能力が必須になります。

　ただし、求人広告の営業におけるコミュニケーション能力とは、単に「場を盛り上げるのがうまい」「人と話すことが好き」という意味ではありません。「企業の要望を聞き出す力」「相手の意見を理解する力」を指します。顧客とのラポールを築くことも、コミュニケーションの一環です。

ラポール
橋を架けるという意味。ビジネスシーンでは信頼関係を築くことを意味する。

　関係者を取りまとめながら業務を進めるにあたっては、情報伝達力、スケジュールや進行の管理能力、整理整頓しながら仕事を進める力、判断力なども必要です。求人広告の制作は、多岐にわたるスキルが求められる仕事であるといえます。

求人広告会社は好奇心旺盛な人を求めている

　コミュニケーション能力などのほかに、世の中の動向に敏感であることも重要になります。

　広告は、世の中の最新トレンドや情報などを反映したものでなくてはいけないためです。日々登場する新しい技術・サービスなどに対し積極的に好奇心やチャレンジ精神を抱ける人が、求人広告サービスに向いているとされます。

　また、広告業界では対応スピードの速さが重視される傾向にあるため、フットワークが軽い人も向いているといえるでしょう。企業の都合でアポの時間が変更になること、予定より長引くこともままあります。それを想定してスケジュールを組んでおき、常に臨機応変に対応できるように心がけることも大切です。

▶ 人材広告業界で重要なスキル

情報伝達スキル	企業からヒアリングした情報を制作ライターやデザイナーに的確に伝える 企業に「できること・できないこと」や「作成した広告の意図」などを説明することもある
管理能力・整理整頓能力	各担当者もスケジュールや進行状況を把握・管理して、業務が円滑に進むようにする
判断力	企業の要望に合った広告は何かを判断し、自信を持って伝える 曖昧な返事では企業からの信頼を得ることができない
コミュニケーション能力	広告営業に欠かせない「要望を聞き出す力」「意見を理解する力」 相手の話を聞き、期待以上の提案ができるような営業が理想的

営業職全体で見ても重視されている能力

▶ 求人広告営業マンの1日のスケジュール

曜日や時期、会社によって時間は異なる

9時
出社・営業開始

営業

17時
帰社

電話営業や外回り営業を行う。都心が中心の場合は1日に5～15件程度。郊外への営業は1日に5～10件程度

原稿作成、明日以降のアポ取り、資料作成など

21時
帰宅

20時
退社

大口クライアントや急ぎの案件の場合は、日中に原稿作成を行う場合もある

Chapter4 17

広告の契約・制作にあたり関係する法律

男女雇用機会均等法といった法律により、求職者や労働者は差別的な扱いをされないよう保護されています。求人広告では、それらの禁止事項に該当しないよう、とくに言葉を選ぶ必要があります。

性別や年齢などが限定的な広告は禁止されている

106ページで触れたように、年齢や性別などによる条件を課すような差別的な求人は許可されていません。

性差別表現は男女雇用機会均等法、年齢差別表現は雇用対策法に基づき、また人種や性格、身体的特徴を差別・優遇する表現は労働基準法に基づき、それぞれ禁止されています。違反をすると、職業安定法により6カ月以下の懲役、または30万円以下の罰金が科せられます。

ただし、「適用除外職種」として認められている求人は、性別に関する表現規制が例外となります。適用除外職種とは、業務上性別を限定する必要のある職種のことをを指します。女性は女優や女性更衣室の係員、男性であれば重量物運搬や現金輸送車の警備員などです。

また、「年齢制限に合理的な理由がある」と認められる場合には年齢を限定した記載も許可されます。深夜業で18歳未満を募集しない（労働基準法に基づく規制）としたり、演劇の子役を10歳以下で限定募集したりするケースなどがこれに該当します。

広告の著作権や写真の肖像権は企業にない

求人広告に使用している写真やキャッチコピー、レイアウトなどには、それぞれに著作権が発生します。

広告に関する著作権を有しているのは、通常、依頼元企業ではなく広告を掲載した媒体です。別の媒体に載せた求人広告を黙って使い回してしまえば、著作権の侵害にあたり、著作権法違反となるため、著作権者に再使用の許諾を得る、もしくは改めて企業に取材をして、新しい求人広告を制作する必要があります。

性差別表現
ここでの性差別表現とは、セクハラなどに該当するような表現のことではなく、性別を限定・推奨したような表現や内容のこと。右ページの表を参照。

適用除外職種
労働基準法などにより年齢制限がかけられているもの、上限が定年と判断できるもの、高齢者など特定の年齢層の雇用を促進する国の施策などに則ったもの、男女比格差是正が目的場合などが適用除外となる。

▶ 禁止表現といい換え例

×	○	禁止行為
主婦歓迎	主婦（夫）歓迎	性別を理由に求人や採用の対象から排除する
ウェイター／ウェイトレス（どちらか片方のみ）	ホールスタッフ	性別を理由に求人や採用の対象から排除する
募集人数：男性5名、女性2名	募集人数：7名	男性と女性、それぞれの募集人数を記載する
営業スタッフ（男性：法人営業経験あり、女性：未経験可）	営業スタッフ（法人営業経験者歓迎、未経験可）	性別で異なる条件を記載する
35歳まで	年齢不問	募集や採用の対象から特定の年齢層を排除する
若い方歓迎	学生歓迎	特定の年齢層の応募を排除する（高校生や大学生の場合年齢の決まりはないため、使用可能）
40歳以上の人には適性検査を実施	全員に適性検査を実施	特定の年齢層に条件を付ける
後進国	発展途上国	人種や国家で優劣を付ける
徒歩通勤可能な方	―	出身地や居住地を限定する
ブラインドタッチ	タッチタイピング	心身の障碍や身体的特徴に関する表現を用いる
コミュニケーション能力が高い方	コミュニケーションを取りながら接客が可能な方	性格面の制限を設ける（能力に関する表現にいい換えれば使用可能）

▶ 企業から提供されても、求人広告に使用することができない写真

NG例	関係する権利	使用してはいけない理由
すでに退社した人が写っている写真	肖像権	写っている全員分の肖像権が発生するため、1人ひとりに使用の許可を取る必要がある
別媒体の人が撮影した写真	著作権	キャッチコピーやレイアウトと同様に、写真の著作権はその写真を掲載した媒体・撮影者が持っているため（使用したい場合は許可を取る）
ホームページ用にプロのカメラマンが撮影した写真		

Chapter4
18

求人広告を利用した悪徳業者の存在

多くの求人広告サービスでは顧客である企業のために奔走していますが、中には悪質な契約を結ぼうとする業者もいます。業界内で発生するトラブルも、仕事上必要な情報です。

無料を謳い金銭を騙し取る悪質な手口

求人企業をターゲットとした、悪質な求人広告の契約が横行しています。

業者はまず、「無料で求人広告を掲載しませんか」と営業電話をかけます。「無料期間満了時に電話や書類で連絡する、その際解約の申し入れをすれば有料にはならない」と説明する場合もあります。無料なら、と契約してしまう企業が多いようです。

業者の手口は、その後無料期間満了のタイミングで無断で契約を更新したり、解約手続きをとりづらくさせたりして、通常の求人広告よりもさらに高額な費用を請求するというものです。

企業に向けて注意喚起が出されている

解約手続きをとりづらくさせるというのは、単に業者が連絡をしなかったり、無視したりするというだけではありません。

とくに悪質なのは、無料期間満了時に業者が送付した書類が、アンケート用紙のようなものの隅に小さく解約について書かれたものだったというケースです。

こうした場合、業者は「特定記録郵便で発送した、○月○日○時○分に到着している」と主張します。しかし企業はすべての郵送物を隅から隅まで読むこともないため、解約に関する記載に気付くことができず、知らないうちに有料の契約に切り替えられてしまうのです。

実際に求人広告が掲載されていれば契約違反ではないため、支払い義務が生じる可能性があります。

求人広告業界内ではこうしたトラブルが起きており、全国求人情報協会も注意喚起をしています。

特定記録郵便
郵送の際、郵送物を差し出したことを記録できるサービス。請求書など重要な書類の送付に利用される。

全国求人情報協会
1985年、労働大臣の許可をもって設立。「信頼できる求人情報を一人ひとりに」をスローガンに掲げ、民間活力による労働市場の活性化を図っている。略称は全求協、もしくはAJIJ。

▶ 無料求人広告をめぐる悪徳業者トラブルの例

―――――― 事例1 ――――――

①電話とファックスで「今だけ無料掲載のキャンペーンを実施している」と執拗に勧誘される。有料広告に関しては説明をしない

②無料ならと応じた企業に申し込みの書類が送付され、詳しい説明もなく押印を迫る電話が盛んにかかってくる

③契約が成立しても実際に広告が掲載されることはなく、依頼した企業も**契約そのものを忘れてしまう**

④3週間ほど経過した後で突然「無料掲載期間が過ぎたから」として1年分の広告掲載料（40万円程度）を請求する書類が届く

―――――― 事例2 ――――――

①「〇日間無料です」と電話で勧誘され、契約を迫られる。契約の自動更新や解約について、口頭での説明はいっさいない

②申込書には「確認書〇条〇項所定の方法による解約申入れがない限り有料契約に移行します」と記載されている

③申込書とは別の書面である確認書の〇条〇項には「書面で解約しない限り自動更新される」とある。**申込書と確認書を照らし合わせて確認しないと**、解約方法がわからない複雑なしくみになっている

④無料掲載期間が過ぎてから連絡がきて、掲載料金を請求される

悪徳業者の特徴

● 「無料」を強調した勧誘
● 誤解を生じやすい、または見落としやすい説明
● 無断で契約を更新する
● 企業に訪問せず、本来不可欠なヒアリングも実施しない
● 求人の効果がまったくない（求人サイト自体、詐欺のために作成された偽のサイト。そもそも掲載されることがないというケースもある）

掲載を依頼する前に信頼できるサイトなのか確認しましょう

派遣事業が直面するテレワークへの壁

現行の契約ではテレワークができないことが多い

2020年、会社へ出勤せずに自宅などで働くテレワーク普及しました。その流れに応じて、求人広告サービスでもテレワーク求人を多く扱うようになり、求人広告サービスの「マイナビ転職」や「バイトル」では、トップページにテレワーク求人を表示させる取り組みが行われました。

テレワークへの関心が高まる一方で、間接雇用の形態で働く派遣スタッフはテレワークが難しいケースがあります。派遣企業と派遣先が結ぶ労働者派遣契約には、派遣スタッフの勤務地や業務内容、勤務時間などが細かく記されているためです。

そのため、派遣スタッフがテレワークを行うには、契約内容の変更が必要です。その上で、厚労省のガイドラインに基づいた適切な労務管理の徹底が求められます。たとえば、派遣スタッフはタイムカードを用いて勤務時間を記録するとともに、派遣元の企業に報告を行うという二重の勤怠管理などです。始業や終業の時刻の変更がある場合には、その旨を就業規則に記載しておかなければならないなどの留意点がありますが、それに注意さえしていれば派遣社員のテレワーク実施は可能です。

そのほか、テレワーク実施においてかかる費用や就業場所、労働者派遣契約書の記載内容の確認や、情報セキュリティの確保のための教育も事前に必要になります。

テレワークと業務の効率化を実現した企業

実際にこうした取り組みを行う企業としては、オフィス家具や事務用品の製造・販売を手掛ける「プラス」があります。

プラスは、2020年の春から派遣スタッフとの契約を改定しました。さらに、業務の効率化を図るため、派遣スタッフ1人ひとりが業務にかける時間を洗い出して仕事量・仕事内容を調整することに成功しました。

しかし、テレワークの導入は職種によって差があるのが実情で、現場に出る必要がある医療・福祉系・製造業などでは依然難航しています。

第 5 章
人材紹介サービスの
基礎知識・組織・実務

人材紹介とは、企業と求職者の間に立ち、直接雇用を
支援するサービスです。求人広告とは異なり、人が間
に立ってマッチングを行う点に特徴があります。本章
では、サービスのしくみや利益構造、実務といった観
点から人材サービス業界の全容を解説します。

Chapter5 01

人材紹介サービスの
しくみと現状

人材紹介サービスは、求人する企業のニーズに合わせて求職者を有料で紹介するサービスです。取り扱う職種の多様化や、成功報酬であることによるコストパフォーマンスの高さから、利用数が増え一般的になりました。

人材紹介サービスのしくみ

求職者に求人を紹介する行政機関としてハローワークが有名ですが、人材紹介はその民間版のサービスだといえます。リクルートキャリア、パーソルキャリア、ジェイエイシーリクルートメントなどがこのサービスを提供しており、一般に「人材紹介会社」や「転職エージェント」と呼ばれます。主な事業内容は厚生労働大臣の許可と職業安定法の定めに基づいて、求人企業のニーズに適した求職者を有料（紹介手数料・斡旋手数料）で紹介・斡旋することです。

企業からの求人依頼を受けた人材紹介会社は、まず自社に登録済みの求職者へ求人紹介やコンサルティングを行います。そして応募後の書類選考や面接を経て、企業と求職者の間で直接雇用契約が結ばれる、という流れです。

人材紹介会社の利用に際して発生する手数料は、人材を募集する企業側が負担します。対して「雇用の**セーフティネット**」の中心的役割を担うハローワークは、無償で就職、採用の支援を行います。

セーフティーネット
安心安全な雇用市場の形成や失業者の生活の保証を目的とした社会制度。雇用保険や職業訓練もその一環である。

人材紹介サービスの現状

人材紹介の売上は成功報酬型です。雇用契約が結ばれて初めて手数料が支払われることになっており、雇用契約が成立しない限り手数料は発生しません。

1999年の職業安定法の改正で取り扱い職種の原則自由化が実現したことで、採用成功率が6割程度しかない求人広告と比較して、成功報酬型の人材紹介のほうがコストパフォーマンスがよいケースがあるということで注目を集め、同時期から利用数が激増

▶ 人材紹介サービスの利用手順

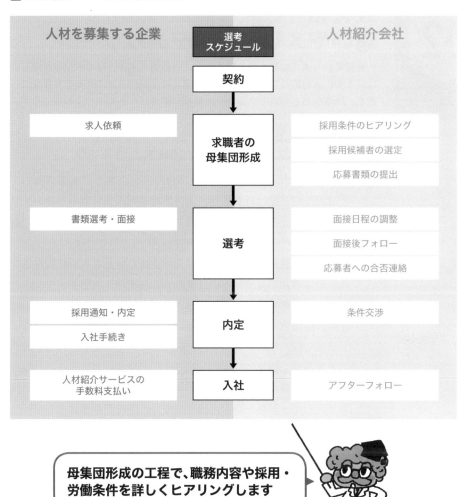

人材を募集する企業	選考スケジュール	人材紹介会社
	契約	
求人依頼	求職者の母集団形成	採用条件のヒアリング
		採用候補者の選定
		応募書類の提出
書類選考・面接	選考	面接日程の調整
		面接後フォロー
		応募者への合否連絡
採用通知・内定	内定	条件交渉
入社手続き		
人材紹介サービスの手数料支払い	入社	アフターフォロー

母集団形成の工程で、職務内容や採用・労働条件を詳しくヒアリングします

することになりました。

　また、人材紹介会社で実務を行う社員は、リクルーティングアドバイザーやキャリアアドバイザー、人材コンサルタントと呼ばれます。職業経験や前職での立場、ネットワークが活きる職業のため、定年退職後の人事経験者や大手企業OBが多く採用される時代もありました。現在では、新卒採用された若い世代でも、一定の教育研修を受けて活躍するようになっています。

Chapter5 02

人材紹介と人材派遣の違いやメリット・デメリット

一見似ているように思える人材紹介と人材派遣ですが、その内容は大きく異なります。人材紹介では、求職者が企業と雇用契約を結ぶための支援を行います。派遣会社との詳しい違いや人材紹介のメリットについて解説します。

人材紹介の役目は直接雇用を支援すること

38ページで述べた通り、人材紹介では企業と労働者の間で直接雇用契約が結ばれますが、人材派遣において労働者が契約を結ぶのは人材派遣会社です。派遣スタッフに適用される就業規則も、人材派遣会社のものとなります。

対して人材紹介の場合は紹介先の企業と労働者の契約になるため、就業規則にも紹介先の企業のものが適用されます。

また、人材紹介のサービスは、企業の採用要件を満たした人材を紹介し、採用を支援することです。対して人材派遣におけるサービスとは、企業の依頼業務に適した人材を派遣し、管理することまでを指します。

人材紹介は1つの企業に採用が決まるまでの手助けを、人材派遣は登録者と複数企業との間に立って仕事を振り分けるといったイメージでしょう。人材の選定という点では同じでも、それぞれが提供できるサービス内容には明確な違いがあります。

企業にとっては工数削減のメリットがある

母集団形成
求人を出す企業に興味・関心を持つ求職者を一定数集めること。採用過程の第一段階となる。

人材紹介を利用するメリットとして、**母集団形成**に関する工程を削減できるという点が挙げられます。採用ホームページの充実や求人広告媒体を利用した認知度向上など、求人を行う際に企業が抱える大きな負担を削減できるのです。

しかしこの場合、企業内に人材の募集に関する採用ノウハウが蓄積されないというデメリットが発生します。

人材派遣には現場での教育コストや採用選考が不要というメリットがありますが、同時に派遣された人材を落選とすることができないというデメリットも生じます。

▶ 人材派遣と人材紹介の構造

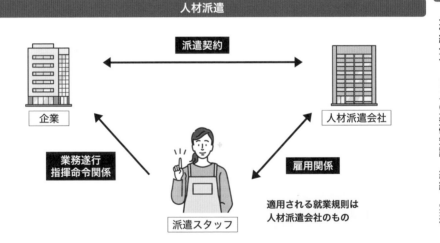

人材紹介

求人依頼

人材紹介

企業 ── 人材紹介会社

面接
採用試験　　登録

雇用関係

求人企業
の紹介

求職者

人材派遣

派遣契約

企業 ── 人材派遣会社

業務遂行
指揮命令関係

雇用関係

適用される就業規則は
人材派遣会社のもの

派遣スタッフ

▶ 人材紹介と人材派遣の特徴

	メリット	デメリット
人材紹介	・母集団形成に関する工程を削減できる ・直接雇用による長期雇用が前提 ➡長期的な人員計画で利用可能	・採用コストがほかの採用手法より比較的高額である ・企業内に採用のノウハウが蓄積されづらい ➡人材紹介会社に依存してしまう可能性がある
人材派遣	・現場での教育コストや採用選考が不要 ・あらかじめ期間を定めて雇うことも可能 ➡人員計画が立てやすい	・派遣された人材を拒否することができない ・派遣スタッフが就業を希望しなければ契約が終了する ➡優秀な人材が定着しづらい

人材紹介サービスの利益構造、紹介手数料の上限と設定の相場

人材紹介の手数料は、届出制と上限制の2種類から選択することができます。主流である届出制では、紹介した労働者の想定年収を基に手数料を決定するという方法です。

もっともポピュラーな届出制手数料

職業安定法において、成功報酬型で設定できる手数料徴収方法は2つです。どちらをとるか、人材紹介会社ごとに決定することができます。

メジャーな算出方法とされているのは「届出制手数料」です。紹介した労働者の想定年収の50%を上限に、手数料を徴収できます。相場は30%〜35%が妥当といわれていますが、これはあくまで相場であり、報酬金額の決定に法的な決まりはありません。

集客が困難かつ求人企業からの強いニーズがある職種（ITエンジニアなど）には、50%の手数料を設定している人材紹介会社もみられます。採用難易度や緊急性によっては手数料が高くなってもかまわないと申し出がある場合もあるため、上限は高めに設定する傾向があります。

届出制手数料
職業安定法に基づき、企業から受け取る手数料については、厚生労働大臣に届け出た範囲内で自由に手数料の額を定め徴収することができる。

現在は少数派の上限制手数料

もう一方の算出方法は上限制手数料で、こちらは少数派です。

上限制手数料は、紹介した労働者の6カ月の賃金の11.0%以下の徴収が可能（免税事業者は10.3%）と定められています。紹介した労働者の年収が500万円の場合、半年分の賃金である250万円の11%、つまり27.5万円が手数料＝紹介会社の売上となります。同様の労働者を対象に届出制手数料を適用する場合、徴収できる金額は500万円×30%＝150万円、最大である50%が徴収できたとなれば250万円です。

届出制手数料のほうが大きな売上を立てられますが、いずれにせよ利益率は非常に高いビジネスといえるでしょう。経費を削減できるならばより高い利益率を実現することも可能です。

上限制手数料
厚生労働省による規制の元、手数料を決定することができる。労働者に支払われた賃金額を基準として限度額が定められている。

免税事業者
課税売上高が年間1000万円以下の事業者のこと。

▶ 手数料徴収方法の種類

届出制手数料

（例）採用決定者の年収が500万の場合

決定者の年収 **500万円**	×	料率 **30%**	=	紹介手数料 **150万円**

ニーズが強い職種は50%になることもある

届出制手数料のほうが
徴収できる金額も高く、
メジャーな方法です

上限制手数料

（例）採用決定者の年収が500万の場合

決定者の6カ月分の賃金 **250万円**	×	料率 **11%**	=	紹介手数料 **27万5000円**

11%以下と定められている

▶ 想定年収の考え方

（例）月収25万円＋賞与4カ月分の場合

計算方法 >>> 月収25万円×16カ月＝年収400万円
（あくまで単純計算であるため、実際の年収とは異なる場合がある）

👍 ONE POINT

手数料の徴収は
一部求職者に行うこともできる

職業安定法によって、原則的に求職者への手数料徴収が禁止されている人材紹介サービスですが、一部例外も存在します。たとえば、家政婦（夫）や調理師、配膳人などの職業には、求職を1件受け付けるごとに670円を上限とした手数料を徴収することができます。また、芸能家やモデル、経営管理者、科学技術者などには、就職後の賃金の10.5%相当を徴収可能です。しかし、あくまで法律上の話であるため、実際に求職者が手数料を支払うケースはごく限られたものとなっています。

Chapter5 04

人材紹介会社が紹介できない職業

労働者の雇用安定や安全を守るため、人材紹介ができない業務があります。湾岸運送業や建築土木業は、仕事量が大きく変動することや雇用期間に限りがあること、危険が伴うことから、紹介が禁止されています。

紹介が禁止されている職業

　人材紹介では、港湾運送業と建築土木業の紹介が禁止されています。

　港湾運送業務とは、埠頭における貨物の輸送・保管・荷役・荷捌きなど、積卸しを主体とするものを指します。船舶の清掃なども含みます。

　その日の入出港数や荷物の量で仕事量が大きく変動するため、需要のピークとオフピークの差が激しい仕事です。かつては仕事量が不安定という特殊さを利用した悪質なピンハネが横行していたため、1988年に**港湾労働法**が公布されました。主には、港湾労働者の雇用の改善や能力の開発・向上を図ることを目的とした法律です。

　港湾運送業では独自で労働の決まりを持っているため、職業安定法に基づいている人材紹介会社では関与ができません。

港湾労働法
1988年に制定された法律。1965年に制定された旧港湾労働法の内容を改正してつくられた。

建築土木業での紹介が禁止される背景

　建築土木業においては、その中でもとくに建築や解体などの実作業に関わるものが禁止となっています。

　建築業は作業が完了すれば必然的に労働者を雇う意味がなくなるため、まず雇用が不安定になりがちである点が禁止の理由として挙げられます。持続的な労働を望めないことから応募者も集まりづらいです。長期契約を前提とする人材紹介にはあまりフィットしていない雇用形態だといえるでしょう。

　また、業務中は危険と隣り合わせになるという点も大きく関係しています。労働者自身はもちろん、その建物をのちのち利用する人たちの安全にも関わる業務のため、作業中は細心の注意を払

▶ 紹介禁止業務の種類

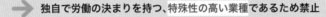

港湾運送業務

- （例）・湾岸から船舶への貨物の積み込み、または船舶から湾岸への貨物の荷下ろし
  - ・船舶上での貨物の移動や固定
  - ・船舶に積んだ貨物や、船舶から降ろした貨物の荷造り・荷ほどき
  - ・船舶に積んだ貨物の梱包や、包装の修理　など

➡ **独自で労働の決まりを持つ、特殊性の高い業種であるため禁止**

かつて横行していた悪質なピンハネ行為は、港湾労働法の制定によって改善されました

法の整備によって、港湾運送業独自の労働規定ができました。人材紹介会社は介入できません

建設土木業務

- （例）・建築現場の資材の運搬／組み立て
  - ・工事現場での掘削／埋め立て／資材の運搬／組み立て
  - ・コンクリートの合成や建材の加工
  - ・資材／機材の配送　など

➡ **非持続的かつ、短期間契約となると雇用者の安全性を保証できない労働であるため禁止**

仕事の際は多くの危険を伴うため、仕事仲間とは連携がとりやすい関係でないと不安です

雇用が不安定になりがちな職種のため、持続的な就労を支援する人材紹介には不向きといえます

うことと、情報共有が必須です。作業完了までの短期間しか働かないとなると、社員との連携も取りづらくなります。些細な確認の漏れが重大な事故につながりかねません。

　人材紹介が禁止されている背景には、労働者やその周囲の人々の安全を守るための理由があるのです。

Chapter5 05

人材紹介サービスの 3つの種類

人材紹介サービスには、登録者の中から人材を選出する「人材バンク型（登録型）」を始めとする3つのタイプがあります。ここでは、それぞれの人材確保や紹介の方法を解説します。

日本でメジャーな「人材バンク型（登録型）」

人材バンク型は、あらかじめ種々の登録を済ませた求職者や転職希望者の中から、企業のニーズに適した人材を選出し紹介する方法です。優秀な登録者を人材紹介会社側から企業に売り込むことも行われます。

人材紹介は成功報酬型のため、各社、自社サイトにて多くの求人情報を掲載し、登録者の増大と就職率の向上を図ろうとする傾向にあります。

近年では、新卒で入社したばかりの在職者が数年後の転職を見据え、人材バンク型のサービスに登録をするケースも増加しつつあります。

コンサルタントの能力が重要な「スカウト型」

人材紹介会社が求人企業から依頼を受け、ニーズに合った人材に転職を交渉する方法です。「引き抜き」「ヘッドハンティング」もこの型の一種です。

引き抜き
他企業の優秀な人材を、スカウトによって引き入れること。上層部やミドル層が対象となるヘッドハンティングとは異なり、優秀であれば役職を問わず行われる。

未登録の在職者を対象とすることが多く、その中には転職を希望しない層も含まれます。場合によっては求人企業から対象者を名指しされることもあります。

スカウト型はその特性上秘密厳守で行われるため、コンサルタントの持つ情報収集力、分析力、交渉力、ネットワークが成功のカギを握ります。

スカウトの対象者は専門性が高く、在職中企業での年収や職位も高い傾向にあります。同時にスカウト後の待遇条件もぐんと上がるため、それに伴って人材紹介会社が受け取る手数料も高額になります。

▶ 人材紹介サービスの種類

人材バンク型（登録型）

成功報酬制のため登録者増大と就職率向上を図る

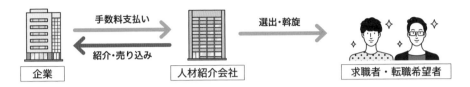

スカウト型（サーチ型）

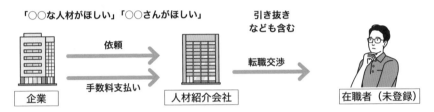

秘密厳守で行われるため、コンサルタントの持つ情報収集力、分析力、交渉力、ネットワークが成功のカギを握る

再就職支援型（アウトプレースメント型）

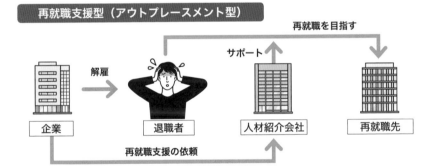

人員削減を助ける「再就職支援型」

　再就職支援型（アウトプレースメント型）とは、人材紹介と再就職支援（58ページ参照）の合体形といえる方法です。人員削減をする企業から依頼を受け、そのサポートをします。退職者に対して適職診断やカウンセリング、履歴書の書き方や面接トレーニング、パソコン講習などを行い、短期間での再就職を目指します。ただし、再就職先を保証するものではありません。

Chapter5
06

人材バンク型の
人材登録の流れ

人材バンク型の紹介では、登録された求職者の中から紹介を行います。まずは求職者が自身の情報を登録し、その情報やカウンセリングに基づいて求人を紹介します。応募や選考に向けたサポートも人材紹介会社の仕事です。

求職者による「登録」が第一歩

　求職者が人材バンク型の人材紹介を利用するには、まず、事前に自らのキャリアやスキル、希望職種や企業就業条件などを登録しておく必要があります。大前提として「登録」がなされていない限り、縁が巡ることはありません。

　次いでコンサルタントとのカウンセリングが行われます。人材紹介会社は、求職者が自身の志向や強みを把握できるよう手助けをすることが目的です。カウンセリングでは、これまでの職務経歴やこれからやりたいことなどを詳細に話し合います。

　求職者のニーズがわかれば、企業側のニーズも踏まえた上で求人情報を紹介します。企業担当者から得た情報を提供し、応募先企業の決定を目指して動きます。

　そして応募先が決まり次第、コンサルタントが応募を代行し、面接日程の調整を行い、選考に向けた準備をするのです。その一例としては、書類選考通過のための応募書類の添削とアドバイス、**ヒューマンスキル**を企業に伝える推薦状の作成、模擬面接による傾向と対策などがあります。

　面接後には企業に評価ポイントを確認し、求職者にフィードバック、フォローをし、今後に活用できる情報を提供します。

　企業から内定が出ると、求職活動は終了です。

登録から内定までのバックアップ

　人材の選出や紹介だけにとどまらず、求職者をさまざまな面からサポートすることも人材バンク型コンサルタントの業務です。

　たとえば、内定後に入職日調整の交渉をしたり、現職の退社交渉方法を伝授したり、入社後に生じた問題の相談に乗ったりする

ヒューマンスキル
他者と良好な人間関係を構築し、円滑にコミュニケーションを行うスキルのこと。正確に意思疎通を図る技術や対立意見の調整技術、プレゼンテーション技術、現場スタッフのモチベーションを向上させる技術などが含まれる。

▶ 人材バンク型の企業内定までの流れ

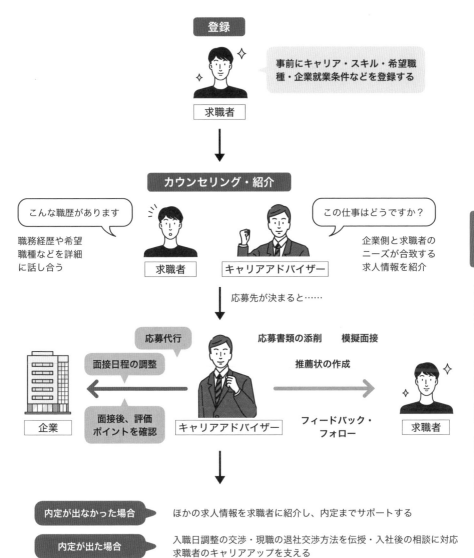

ことも仕事のうちです。

　採用が決定したらそこで終わりというわけではなく、求職者を
長期的にバックアップし、キャリアアップができるよう支えてい
くことが大切です。

企業の望む人材を発掘・説得する

スカウト型の
ヘッドハンティングの流れ

スカウト型では、企業が指定した条件に合う人材を探して交渉を持ち掛けます。求職者ではない人物の中から適切な人材を探し、接触を図る必要があるため、高度な技術が必要とされます。

企業のニーズを転職潜在層につなげる

スカウト型のヘッドハンティングは、ターゲットとなる人材を探し、接触することから始まります。依頼元企業が指定した部署やポジション、スキルや人物像などの条件をクリアした人物に、電話やメールでアプローチをかけるのです。

これは「**ロングリスト形式**」と呼ばれる、持ちうるネットワークを駆使して候補者をピックアップしていく方法です。情報漏えいを防ぐため、この時点では依頼元企業についての詳細な情報は提示せず、面談をしたいと持ちかけます。

企業から特定の個人を名指しで希望される「指名スカウト形式」と呼ばれる方法もあり、それにおいては、人材探しの工程は不要です。

ターゲットとなる人物が面談に応じてくれる場合は、ホテルのロビーなど落ち着いた場所を指定し、対象者とヘッドハンターで実際に対面します。この際に依頼主である企業の名前や部署、ポジションなどの詳細情報を初めて教えます。面談を経て対象者が選考を受ける意思を固めたら、企業担当者が実際の面接を行うこととなります。

ロングリスト形式では、通常の転職活動と同様のフローで進みますが、指名スカウト形式の場合、面接というより**オファー面談**に近く、対象者は企業側から「口説かれる」ような形になります。

コンサルタントの手腕次第で結果が変わる

スカウト型では第一に、ニーズに合った人材を探し出して接触を図ることが求められます。対象者に転職をする気がない場合も十分にあるため、いかに依頼元企業に興味を持ってもらうかヘッ

ロングリスト
比較的広い条件でリストアップした候補をロングリスト、それをより厳選した一定条件で絞り込んだ候補をショートリストと呼ぶ。M＆A用語などでも用いられる。

オファー面談
内定後に行われる、企業と内定者による面談のこと。労働条件や入社意志のすり合わせを行ったり、企業の各種制度について改めて説明を受けたりするケースが多く、「処遇面談」「条件面談」とも呼ばれる。

▶ スカウト型のヘッドハンティングの種類

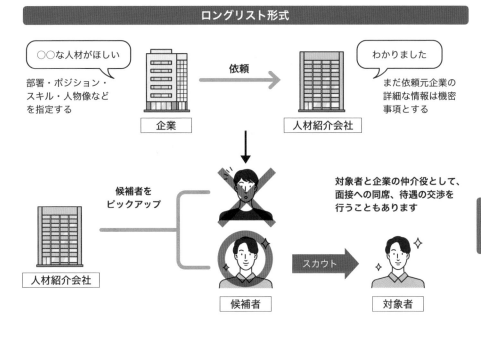

ロングリスト形式

○○な人材がほしい

部署・ポジション・スキル・人物像などを指定する

企業

依頼

わかりました

まだ依頼元企業の詳細な情報は機密事項とする

人材紹介会社

候補者をピックアップ

人材紹介会社

対象者と企業の仲介役として、面接への同席、待遇の交渉を行うこともあります

候補者

スカウト

対象者

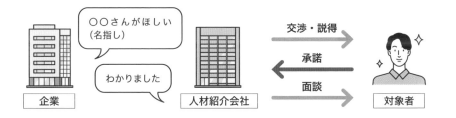

指名スカウト形式

○○さんがほしい（名指し）

わかりました

企業

人材紹介会社

交渉・説得

承諾

面談

対象者

面談で企業の名前や部署などを提示
その後企業面接

ドハンターの腕の見せどころです。

　対象者と企業の仲介役として、面接に同席したり、内定後の給与などの待遇について交渉したりといった対応もすることがあります。このように、コンサルタントにはほかの人材紹介よりも高い能力が求められるため、報酬が高くつくことにも納得です。

離職からの回復を目指す

再就職支援型の
人材紹介の流れ

再就職支援型では、人員削減を行う企業の依頼で、労働者の再就職を支援します。再就職希望者に求人情報を紹介し、内定までのサポートを行います。労働力の削減のために紹介を行う、ほかとは目的の異なる紹介です。

再就職へ向けてサポートを行う

再就職支援型の人材紹介では、事業規模縮小、人員削減を行う企業からの依頼を受けて、離職を余儀なくされる労働者の再就職を支援します。この型では**着手金**を請求する場合も多く、成功報酬とともに、支払い義務は依頼元企業に発生します。

再就職希望者が、企業に紹介されてサービスへ登録することから始まります。人材ビジネス企業は、求人情報の中から再就職希望者に適した企業を紹介し、面接の指導や資格取得の支援を行い、内定が決まるまでをサポートします。

支援制度や教育体制を手厚くしている人材紹介会社は多いです。再就職希望者は転職先とのギャップを埋めることができ、転職先企業にとっては採用後のトラブル防止につながるためです。

「人員削減」がもたらす転職活動

依頼元企業は、着手金や成功報酬を人材紹介会社に支払うことで、退職希望者の次の働き先探しを委託することができます。

転職先企業にとっては公開している募集情報に適した人材を無料で紹介してもらえるチャンスであり、社会人としての経験を持つ安定した人材と出会う可能性の高い機会でもあります。つまり、依頼元と転職先、双方にメリットのあるサービスなのです。

人材バンク型とヘッドハンティング型は、基本的には人手不足を解消するために利用されますが、対して再就職支援型は、**労働力を削減**するために利用されます。職に就くまでをサポートするという点では同じであるものの、企業側の根本的な利用目的がまったく異なるのです。

着手金
業務を依頼する段階で、案件に対応してもらうために支払う費用のこと。再就職希望者の再就職先が見つからず不成功に終わったとしても、企業に返還されることはない。

労働力の削減
終身雇用が一般的だった日本の雇用文化から、日本の労働法は海外に比べ整理解雇の条件が厳しい。正社員は企業の人手が余ってもかんたんには解雇できないため、企業が費用を出して解雇予定者の再就職を支援することは多い。

▶ 再就職支援型のビジネスモデル

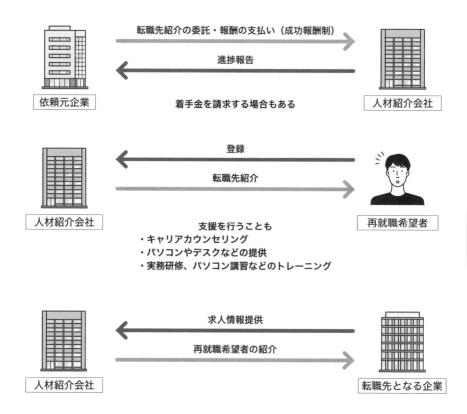

▶ 人材紹介サービスと再就職支援サービスの比較

	人材紹介サービス	再就職支援サービス
①接点	求職者と企業の**2**者	再就職希望者と その依頼元企業、 転職先企業の**3**者
②費用負担	**転職先企業**が成功報酬を支払う	転職先企業は 紹介料を支払わない （**依頼元企業**が支払う）
③目的	人員の**確保**	労働力の**削減**

Chapter5 09

情報を制限しながら速やかに人材を確保する「非公開求人」

人材紹介で扱う求人の中には、一般に公開されていない「非公開求人」があります。採用に関する情報を社内外に広めたくない場合や、現社員と交代で人材を受け入れる際にも利用されます。

内密で速やかな募集を行う「非公開求人」

非公開求人
一般に公開されていない求人のこと。求職者はコンサルタントを通して非公開求人に応募することができる。主に採用情報の漏えいを防ぐために用いられる手法。

非公開求人とは、その名の通り一般に公開されていない求人情報のことを指します。どのようなポジションで人材を募集しているかを知るのは一部のコンサルタントのみです。非公開求人の数は多く、実際、コンサルタントが保有する求人の8割～9割が非公開求人であるというデータもあります。

企業が求人を非公開にする理由として、「採用情報を外部に漏らしたくない」「社内にも秘密で求人を行いたい」などが挙げられます。募集内容によっては競合企業に企業戦略を知られかねませんし、人事に関する神経質な噂が社内に広がってしまう危険もあるからです。

また、「効率的に採用活動を進めたい」という理由もあります。急な異動や退職などでスピーディーな採用を希望する場合、応募を待つ時間が発生する公開求人では間に合わない可能性があるためです。

なお、求職者に特別なスキルを求めているわけではないため、公開求人と比較しても仕事内容や勤務地、企業が求めるスキルなど、基本的な項目に大きな違いはありません。

よりよい人材を迎えるために利用されることも

非公開求人は、現社員と交代して新しい人材を受け入れることを目的として行われることもあります。欠員がない企業が、高いスキルを持ち、入社後の大きな効果が期待できる人材を採用したいと考える際、現社員のスキルや成果に不満があれば、社員に退職を勧め、その交代として非公開で求人を行うのです。この方法は、入れ替え求人と称される場合もあります。

▶ 非公開求人のしくみ

企業 ← 社外に秘密で……　社内にも秘密で……

キャリアアドバイザー ← おまかせください

求職者

企業 ──依頼→ キャリアアドバイザー ──求人紹介→ 求職者

企業から見たメリット

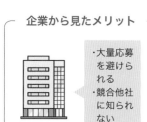

・大量応募を避けられる
・競合他社に知られない
　　　　　　　　　　など

求職者から見たメリット・デメリット

メリット
・求人情報の幅が広がる
・大手有名企業に転職できる可能性がある
・幹部クラスの求人がある

デメリット
・採用人数が極端に少なく、すぐに募集が終わる可能性がある
・求められている職務・経験・スキルレベルが高い（一部例外あり）

▶ 人員を入れ替えるために非公開求人が利用される例

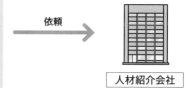

企業

企業が抱える問題
・新しい優秀な人材を取り入れたい
・人件費を増やしたくない
→現社員と交代する形で高いスキルを持った人材を採用したい

──依頼→

人材紹介会社

> 非公開求人は、企業側の意向により情報を公にしていません。顧客の大切な情報を扱うという意識を持って取り組みましょう

　現職の社員の離職を伴う人材紹介、という意味では、144ページで解説した再就職支援型と非公開求人は似ています。しかし、再就職支援は企業の人員削減が目的であり、非公開求人は**組織改編**や企業体質改善を目的とする場合が多いという違いがあります。

組織改編
会社内の組織を改めること。企業は、自社の存続や成長のために事業の強化・経営資源の活用化を図る。

登録者との面談、企業への
人材紹介と採用までの流れ

求職者に適切な求人を紹介するためには、求職者の特徴や希望をしっかり理解することが不可欠です。紹介前の面談から入社後のアフターフォローまで、コンサルタントは常にコミュニケーションを取って求職者を支えます。

情報共有が転職の命運を分ける

　人材紹介をするにあたり、人材紹介会社のコンサルタントと求職者の間で面談が行われます。あくまで求職者について知るための「面談」であり、採用の可否を決定する面接ではありませんが、これは目指す企業や仕事の方向性を決めるためには欠かせません。その後のサポートの精度にも関わる重要なものになります。

　面談は、コミュニケーションを図る場です。最大の目的は、求職者とコンサルタントの相互理解を深めることにあります。

　そのため、面談では双方から意見交換が行われることが理想です。面談を通し共有、確認する事項は、経歴や仕事内容、転職理由、転職先に求める条件などです。

　これらの情報を踏まえて、具体的に求人案件を紹介します。求職者の希望や強みをしっかりと把握した上で「なぜこの企業を提案するのか」を明確に説明しながら、求職者と話を進めていきます。「とりあえず」の提案では、マッチングの真摯さを疑われます。

内定までのサポート

　求人案件への応募は、コンサルタントが代行します。面接日程の調整や推薦状の作成、履歴書作成のアドバイスなどもコンサルタントの仕事です。

　面接後には、企業に評価ポイントを確認します。求職者へのフィードバックやフォローも欠かさず、求職者が今後に活かせるような情報提供を行います。合否が決定次第、コンサルタントを通して求職者へ伝達されます。

　採用が決定し求職者が入社した後も、アフターフォローが必要になる場合もあるため、以降は長期的なサポートが続きます。

▶ 人材紹介においてのコンサルタントの仕事

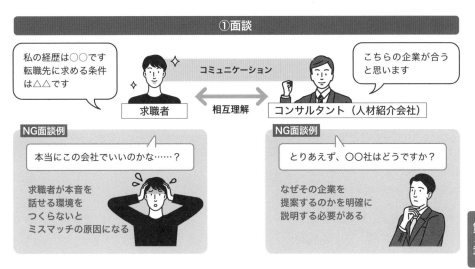

①面談

求職者「私の経歴は○○です 転職先に求める条件は△△です」

コミュニケーション ← 相互理解 →

コンサルタント（人材紹介会社）「こちらの企業が合うと思います」

NG面談例
「本当にこの会社でいいのかな……？」
求職者が本音を話せる環境をつくらないとミスマッチの原因になる

NG面談例
「とりあえず、○○社はどうですか？」
なぜその企業を提案するのかを明確に説明する必要がある

②内定までのサポート

フィードバック・情報提供
・面接日程の調整
・推薦状の作成
・履歴書作成のアドバイス
など
評価ポイントを確認

合否通知 ← 合否決定

求職者 ← コンサルタント（人材紹介会社） ← 企業

③内定後のサポート

・「事前に聞いていた採用条件と違う」「業務内容が異なる」などの問題が発生した際の対応
・仕事に関する悩み相談の受け付け（会社へのなじみ方、キャリアプランの考え直しなど）

入社後は人材が働きやすいよう長期的なサポートを行います

Chapter5
11

人材募集企業が気を付けるべき
返金・手数料の規定

求職者が入社すると、入社先の企業から人材紹介会社に手数料が支払われます。トラブルを防ぐため、入社早々に退社してしまった場合の対応や、求職者のオーナーシップに関しては契約時に条件を確認しておきましょう。

📍 早期退社に伴う「返金条項」

紹介した求職者が入社後早々に退社してしまった場合、事前に契約した返金条項に則った返金の義務が発生します。返金するのは、マッチング成功によって企業から支払われた手数料の一部です。返金を保証する期間は、通常、求職者が入社してから90日とされています。

保証期間と返金する手数料の割合は会社によって異なるため、契約時に企業担当者とよく確認するとよいでしょう。保証期間を180日とする会社や、1カ月以内の退社には全額返金を約束している会社もあります。また、返金は自己都合退社の場合に限るのか、もしくはとくに問わないのかなど、「退社」の事由に関する規約もあらかじめ決めておきましょう。

人材紹介会社によっては返金のかわりとして「**フリーリプレイスメント**」という規定を定める場合もあります。

📍 支払いのラインを決める「オーナーシップ条項」

求職者の**オーナーシップ**は、企業へ紹介してから一定期間、人材紹介会社が所有します。契約ごとにその期間は異なります。通常は1年、長ければ3年です。

人材紹介会社からの紹介を一度断った後に採用を決定したり、紹介した職種とは別の職種などでその企業に採用されたりした場合、企業は「人材紹介を受けなかった」と見なされます。企業がこれを悪用して報酬の支払いを拒むと、人材紹介会社は損失を被ります。

それを防ぐため、契約書に基づいて、企業へ規定の手数料を請求できるようにするのが「オーナーシップ条項」です。人材紹介

**フリー
リプレイスメント**

返金のかわりに、無償で新しい人材を紹介することで補償をする制度。フリーリプレイスメントによって新たに紹介した人材が定着すれば、企業は時間やコストの浪費を防ぐことができる。

オーナーシップ

所有権などを意味するOwnershipからの用語。具体的には、求職者の紹介先企業との接触や契約締結などの制限。これを人材紹介会社が握っていないと、紹介先企業が一度あえて断ってから別の手段で求職者を直接採用するなど、紹介料の抜け道になってしまう。

▶ 人材紹介会社における返金のしくみ

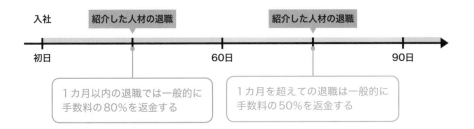

返金条項

| 入社 | 紹介した人材の退職 | | 紹介した人材の退職 | |

初日 ————————— 60日 ————————— 90日

1カ月以内の退職では一般的に手数料の80%を返金する

1カ月を超えての退職は一般的に手数料の50%を返金する

フリーリプレイスメント

入社　紹介した人材の退職

初日 ————————————— 保証期間の期限

企業に新しい人材を無償で紹介する

▶ オーナーシップ条項の役割

企業
一度は紹介を断りましたがやっぱり雇います
お願いします
求職者

オーナーシップ条項により、紹介から1年以内であれば

紹介手数料が発生

会社を介さず企業と求職者の間で採用を決められてしまっては、手数料を請求できません。利益に直結するため、人材ビジネスにとってオーナーシップは死活問題といえます。

　オーナーシップの線引きを明文化し、企業ともしっかりすり合わせを行っておくとよいでしょう。

Chapter5 12

人材紹介会社にある
4つの部門と仕事内容

人材紹介会社はさまざまな部署の人々で成り立っています。主に、「営業部門」「マッチング部門」「登録部門」「コンサルティング部門」の4つに分かれ、それぞれ連携して人材紹介サービスを支えています。

企業と関わる営業部門・マッチング部門

人材紹介会社には、「企業」と関わる部署と「求職者」と関わる部署があります。比較的企業との関わりが強いのは、営業部門とマッチング部門です。

営業部門は、主に企業からの求人受注と新規企業の開拓を担当します。求人を受注する際、就業条件や求職者に求める能力などを詳しく聞き出すことが大切とされており、適した求職者を選出するための重要なカギを握っている部署といえましょう。

実際に選出を行うのは、マッチング部門です。

企業のニーズを基に、膨大なデータベースの中から適材を探します。適材に応募を勧める業務も担当しているため、こちらは企業と求職者の双方と関わる部署になります。

求職者と関わる登録部門・コンサルティング部門

求職者と多く関わるのは登録部門とコンサルティング部門です。

登録部門は、求職者が人材サービスに登録する際の各種手続きを行う部門です。

希望している職種や、求職者自身の経験、能力などを求職者から聞き出します。この際求職者が自身について語った内容は自己申告であることを踏まえ、**スキルチェック**なども実施します。

そして求職者の応募企業が決まった後、採用に向けた求職者へのサポートを展開しているのが、コンサルティング部門です。

この求職者は、営業部門、登録部門、マッチング部門の努力によって選び抜かれた適材です。書類選考や面接などを乗り越え企業に無事入社することができるよう全面的にバックアップをしていくことが、コンサルティング部門の重要な仕事です。

スキルチェック
求職者のスキルを把握するために行うテスト。一般常識やビジネスマナー、漢字の書き取りやかんたんな計算問題などが出題される。専門職を希望する人材には、専門分野に関するスキルを試す場合もある。

▶ 人材紹介サービスの流れ

営業部門

求人受注、新規企業開拓を行う

取り扱う情報
- ●企業の需要
- ●就業条件、
　求められる能力など

＋

登録部門

求職者の登録手続きを行う

取り扱う情報
- ●求職者についての情報
- ●希望職種、能力、
　経験など

マッチング部門

ニーズを基に適切な人材を選出する

即戦力となる人材がほしいなあ

企業

マッチング

これまでの経験を活かしたいです

求職者

コンサルティング部門

入社までのバックアップを行う

面接が不安なのでポイントを教えてほしい

選考ごとのフィードバックを詳細に聞きたい

人材紹介の要となる「営業部門」と「マッチング部門」

人材を集め、適切なマッチングをかなえるために動くのが営業部門とマッチング部門です。営業部門の情報収集で企業のニーズを把握し、それを使ってマッチング部門が人材を選定します。

求人企業と直接対応する「営業部門」

営業部門は、求人申し込みの受け付け、求人企業の開拓を行う部門です。

求人を受注する際に重要になるのは、いかに求人企業のニーズを正確に把握できるか、ということです。担当業務内容、要求スキル、待遇条件、就業開始時期などがこれに該当します。

求人受注と売上はイコールではありません。企業が複数の人材紹介会社に求人依頼を出す場合もあり、その際、数社が競合することとなるためです。

自社の紹介した人材が入社に至らなければ売上にならないため、マッチングに不可欠な情報をもれなく収集し、人材紹介会社のマッチング担当者へ伝達することが必要になります。

また、人材バンク型の場合、優秀な登録者を売り込んだり、多数の登録者を紹介したりできるよう、企業開拓も欠かせません。豊富な人脈を持つ、特定の業界に強い、という中高年の営業担当者の営業力が期待されるポジションです。

営業部門は企業へ適材を紹介する窓口、あるいは条件交渉担当の役割も担っており、その際、候補者の面接まで付き添う場合もあります。

データから適材を探し出す「マッチング部門」

営業担当者が収集した「求人企業のニーズ」を基に、適した人材を検討、選択、打診する部門です。

マッチングを行う際は、企業のニーズと求職者のニーズの双方を加味し、さらに求職者の**職業適性**や**職場適応性**も検討材料とします。候補として選択した条件の合致する求職者に、求人への応

職業適性
職業に関する特性。これを把握することで、企業は求職者の業績向上を見込め、求職者は自身の能力を大いに発揮できる就労機会を得ることができる。

職場適応性
組織に適応し、成果を上げる可能性のこと。ダイヤモンド社が提供する職場適応カテスト（DPI）を受けることで、態度能力（知的能力や技能的能力ではなくパーソナリティに結び付いた能力）を測ることができる。

▶ 営業部門のポイント

人脈の拡大と同時に密接な関係を築くことが重要。

情報収集

・求人広告よりも求職者と関わる機会が多い
・人材派遣よりも企業の意向を反映できる

重要な業務

・マッチング成立に貢献できるような情報を集めること

企業開拓

・優秀な人材を把握する
・新規の求人企業を確保し、受注を取る

重要な業務

・人脈を広げること
・得意な業界をつくること

▶ マッチング部門のポイント

求職者の入社後のイメージを膨らませてマッチングの適性を判断することが重要。

企業の事情

・事務職が不足している
・少人数だが入社後の定着率が高い
・知名度が低く求人に悩んでいる

この企業で活躍する人

・情報処理能力が高い
・少人数のコミュニティに慣れている

求職者の事情

・大手企業の営業職を退職
・大企業特有のプレッシャーに弱い
・ケアレスミスが少ない

この人が活躍する企業

・事務職を募集している
・少人数でアットホーム

募を勧めます。登録者の情報は、次に紹介する登録部門（156ページ参照）から提供されるものです。

　この候補者が応募を決め、書類選考や面接をクリアし、企業と求職者の双方が承諾して就職が確定になります。そのため、求職者へ応募を勧めただけではまだマッチング完了とはいえません。

第5章　人材紹介サービスの基礎知識・組織・実務

人材を発見し能力を活かす

求職者と関わる「登録部門」と「コンサルティング部門」

登録部門では、求職者の応募に対して情報を登録します。コンサルティング部門では求人の紹介後、実際に採用されるまでのサポートを行います。いずれも、求職者の魅力や経歴を活かすための重要な部門です。

求職者の登録手続きを進める「登録部門」

登録部門は、求職者の登録手続きを担当する部門です。

企業の情報を集める営業部門とは異なり、求職者側の情報を収集します。この2つの部門で集めた情報を基にして、マッチング部門が候補者の選択を行うことになります。

登録に際して把握しておくこととして挙げられるものは、求職者の経験、知識、技術、能力と希望職種、希望就業条件などといった内容です。

登録担当者は、応募書類や登録シートがあくまで求職者の自己申告であることを踏まえた上で、面接やスキルチェックを行います。そして求職者が希望する種々の条件が妥当であるかどうかを診断し、それをマッチング担当者に伝えます。

この情報が、マッチングを行う際の判断材料の1つです。適切なマッチングが行われるよう、正しい情報を提供することが大切になります。

なお登録者の募集から登録部門が担当する場合もあります。

求職者を支援する「コンサルティング部門」

マッチング部門の打診によって求人へ応募した求職者が、企業に採用されるよう、サポートを行う部門です。

マッチング部門によって選出された候補者が適材だったとしても、選考の通過にはよりよい書類や対策が不可欠になります。コンサルティング部門の担当者は、書類選考に強い応募書類を作成したり、模擬面接による対策を立てたりします。求職者への指導と並行して、求職者の魅力を企業の担当者へ伝えるため、推薦状を作成します。

登録シート
面談を行うにあたり、求職者が記入するシート。職務経歴、希望する業種といった面談に必要な情報を集める用紙であり、ヒアリングの第一歩となる。

▶ 登録部門のポイント

❶求職者の情報の整理

・経験　・能力
・知識　・希望職種
・技術　・就業条件

登録担当者

求職者の能力や適性を確認するために、面接やスキルチェックを行います

❷希望条件の妥当性の検討　ある程度登録部門で検討し、マッチング部門へと引き継ぐ

登録部門　　　　　　　　　　　　　　　　　マッチング部門

マッチング作業の前段階として希望条件の妥当性を検討する

求職者や企業の情報・ニーズなどを基にマッチングを行う

▶ コンサルティング部門のポイント

❶選考のサポート　企業の選考に受かるように求職者をサポートする

・選考に強い書類の作成
・面接対策
・推薦状の作成

求職者の魅力を最大限に引き出す

❷能力向上のサポート

・意識改善
・スキルアップ
・キャリアプランニング

求職者に対しノウハウの提供や助言を行う

また、求職者本人に意識改善が必要な場合やスキルアップが求められる場合や、**キャリアプランニング**が必要になる場合があります。その際の情報やノウハウの提供、助言も、コンサルティング部門で行います。

キャリアプランニング

自分の仕事のライフプランを考案すること。働き方が多様化した今日においては重要な認識である。

Chapter5 15

的確なアプローチとテレアポで営業の成功率を高める

売上に直結するのが営業部門の業務。新しい受注を得るには、人材を求める企業を探さなくてはいけません。効果的な営業をするために、どのような方法で企業の情報を集めたらよいのでしょうか。

新規開拓にもっとも効果的な方法

営業リスト
営業のターゲットを列挙し、アプローチの履歴や確度をまとめたリスト。

新規企業開拓をする際に重要なのは、**営業リスト**の作成です。昔はオフィスへ訪問して営業を行うスタイルがほとんどでしたが、インターネットの普及により、求人依頼を出してくれそうな会社をピックアップすることが求められるようになりました。

営業では、インターネットで得られる情報を基に、人材紹介会社に手数料を払ってまで人材をほしがっている企業、専門家に依頼する可能性が高い企業、かつ、求職者が興味を抱きそうな企業を探さなければいけません。

そのため、実際にすでに紹介会社を利用して中途採用を行っている企業に営業をかけることが、効果的な方法の1つとして挙げられます。人材紹介サービスを利用している、つまり新しい人材をほっしている企業は、営業をかけたら熱心に聞いてくれる可能性が高いといえます。

また、自社サービスに登録している求職者から情報を収集するという手段もあります。人材紹介サービスを利用している求職者は、複数を並行して利用していることがほとんどなため、他社から紹介された、または実際に応募をした企業をヒアリングすることで、貴重なリストを作成することが可能です。

これらは、競合他社の動向を見るよいきっかけにもなります。

実際に営業を行う際のコツ

トークスクリプト
営業の際に使う台本のことで、顧客へ話す内容や流れをあらかじめ決めておくもの。相手に興味を持ってもらえるような内容づくりが大切。

新規企業への営業は主に電話、いわゆるテレアポで行われます。テレアポで成功を収めるには、**トークスクリプト**（台本）をしっかりとつくり込んでおくことが重要です。

導入部分でいかに自社の人材紹介サービスの魅力を伝えるか、

▶ リスト作成のコツ

情報共有	優先順位の明確化	データの蓄積
ほかの営業担当者とリアルタイムで顧客情報を共有する	営業後は手ごたえによって顧客の優先順位を付けて管理する	商談中に聞いた課題、不安など細かな情報を蓄積する

▶ 営業に適した企業探しのポイント

人材紹介を利用中の企業

人材紹介を利用しているということは人手不足に悩んでいる証左。成功報酬制であることを武器に自社サービスをアピールしやすい

自社登録者へのヒアリング

人材紹介を利用する求職者は、他社もサービスも併用していることが多い。そこから他者の動向を探ることも可能である

過去の求人活動の調査

ある企業が毎年同じ時期に求人を出しているという情報を入手できれば、その企業へアプローチに適したタイミングを計ることができる。可能な範囲で、企業ごとの求人活動の記録を探るとよい

調査方法の例

先輩社員から話を聞く

自社データを活用する

こういわれたらこう切り返して営業トークを広げる、など、ノウハウを蓄積していくことがポイントになります。会社として成長していくためにも、実際に契約がとれたテレアポを高い精度で再現した、トークスクリプトの作成が望ましいといえましょう。

意識するべき点を押さえる

紹介人材の採用率アップのための コンサルティングのポイント

せっかく条件がマッチして応募をしても、企業の選考で求職者が落選してしまう可能性はあります。ヒアリング能力を高めると、会社全体の紹介成功率を高めることにつながります。

採用率アップのポイント

　書類選考段階での落選は、求職者のモチベーション低下及び離脱増加につながってしまします。コンサルタントは「応募すれば面接まで辿り着ける求人案件を紹介する」ように心がけることが理想的といえるでしょう。

　そのため求職者が書類選考で落選してしまった場合、企業から落選理由をヒアリングし、**求人要件**をより具体化する必要があります。企業の人事担当者が落選に明確な基準を設けていない可能性もあり、その際はヒアリングを通じて理由を言語化することが大切です。

> **求人要件**
> 企業が求人に際し、応募者に求める要件のこと。

　問題を突き止めることで、落選から得た情報を会社の資産にし、次につなげることもできます。

　また、面接段階まで進んだ求職者からは面接のフィードバックをもらうようにし、その情報を蓄積していくことが重要です。面接のポイントを知るだけでなく、求職者の次回以降の面接対策に役立てることができます。また、この情報を基に、紹介した求人がマッチしていたかを確認します。

　求職者に合った適切な求人を紹介し、確実に採用が決まるようにしましょう。

コンサルティングのポイント

　多くの人材紹介会社では、業務を円滑に進めることができるよう、業界や職種ごとで数人単位のチーム制をとっています。コンサルタントとしての見識を高めるためにも、自分の力を過信せず、先輩や同僚など周囲の力を借りることも必要です。

　チーム制をとることでコンサルタントのワークフローを統一し、

▶ コンサルタントが目指す「確実な採用」

「応募すれば面接までたどり着ける求人紹介」を目指す

↳ 落選の原因を分析することで紹介の精度を上げる

> 選考途中の落選は、求職者の志気を下げてしまいます。サービスの利用をやめてしまう可能性も……

書類選考で落選した場合

企業から落選理由をヒアリング　→　・採用の基準を言語化、具体化する
　　　　　　　　　　　　　　　　　・問題点を明確にする

面接で落選した場合

企業、求職者からヒアリング　→　・企業のニーズにマッチしない理由がわかる
　　　　　　　　　　　　　　　　・求職者が取るべき対策がわかる

紹介した求人が適切であったかを再検討する

> ヒアリングで得た情報は、自社の「資産」として蓄積することができます

コミュニケーションを深め、情報を交換し合うことになります。結果、多岐に渡る求人案件の機会損失を防いでいるのです。

　チーム単位で効率よく案件の振り分けができれば、企業からの信頼を得ることもでき、継続的な受注につなげることもできるでしょう。

適切なマッチングを行うための面談

面談では対等な関係を築いて求職者の希望を引き出す

求職者の性格はさまざまです。人材紹介の面談では、求職者と向き合い、今後のキャリアプランを組み立てるため、その人の性格に合わせて話しやすい環境をつくることが重要です。

1人ひとり時間をかけて適性を見極める

人材紹介の面談は1人ひとり個別に予定が組まれるため、面談の時間を比較的長く確保できます。求職者の長期的な就業が目的であるため、キャリアプランを深く検討する必要があるのです。

一方で、人材派遣における面接は「登録会」の一環として行われることが大半です。登録会では、人材派遣サービスへの登録を希望する人が十数人集まり、派遣の概要説明、スキルチェックの後に個別の面接が行われます。十数人の個別面接が平行して行われるため、面接では比較的短時間しか確保できません。

人材紹介の面談ではこの強みを活かし、求職者の職歴、前職の不満、理想の仕事像などを可能な範囲で掘り下げましょう。

登録会
人材派遣サービスにおいて、求職者がサービスへ登録する最初の段階。

対等な関係づくりがよりよい面談のコツ

求職者の性格は十人十色です。臨機応変に、その人にとって話しやすい環境をつくることが必要です。たとえば、求職者が建前しか話さない場合、「本音を話すと不利になるかもしれない」と考えて萎縮している可能性があります。キャリアアドバイザーは企業と求職者の仲介役を担っていることを伝え、理想の仕事像を話すことが就職・転職活動の第一歩だと理解してもらいましょう。

反対に、求職者が高い理想ばかりを話すケースでは、実際の求人票を提示して理想と現実の折り合いを付けましょう。どんな要望にも「大丈夫です」と対応していると、希望ではなくわがままを引き出してしまいます。

面談は、求職者との対等な関係の上で成り立っています。「この人には本音を話してはいけない」「この人にはどんなわがままを話してもいい」と思われると、対等な関係ではなくなります。

▶ 求職者と対等な関係を築く方法

求職者が本音を隠している場合

求職者

勤務地はどこでも構いません。どんな仕事もしようと思います

この人は建前ばかりを話して本音を隠しているな……

キャリアアドバイザー

面談は企業面接とは別物であり、キャリアアドバイザーは求職者に協力する立場だと伝える

求職者の理想が高い場合

求職者

家から徒歩圏内、残業なし、年収800万円の事務職がいいです

どの要素が最優先なのか整理できておらず理想が高くなっている

キャリアアドバイザー

実際の求人票と照らし合わせながら、どの要素をいちばん優先したいかを確認していく

▶ 求人の勧め方のポイント

この求人とこの求人、どちらが理想に近いですか

判断を委ねる

どの企業に応募するかはあくまで求職者の希望に沿うべき。本人の意思で決めるとトラブルも避けられる。

この企業がいちばんのお勧めなのでここにするべきです

判断を強いる

本人の意向を無視した上で求人を紹介すると、後からミスマッチを引き起こす可能性がある。

Chapter5
18

人材紹介サービスで活躍するために必要な能力

企業と求職者をつなぐ、つまり人と人とをつなぐのが人材紹介会社。双方の信頼を維持しながら多くの案件に対応していくには、どのような能力や姿勢が必要なのでしょうか。

求職者と企業を円滑につなげるための能力が必須

「人」を扱う人材紹介会社では、当然コミュニケーション能力が求められることとなります。人材紹介においてコミュニケーション能力とは、相手を不快にさせずに、わかりやすい言葉で伝える能力のことを指します。また、話す速さ、声の大きさ、表情やジェスチャーなどに気を配ることも大切です。なお企業や求職者のニーズを正確に把握、伝達するためには、相手の話を掘り下げて聞く力も求められます。

また、サービスの内容や業務の進捗などを伝える際にプレゼンテーション能力も必要です。

企業と求職者を仲介する役割を担っているという点から、こまめな連絡を心がけることも大切です。スピーディーな対応は、社内外問わず信頼の獲得につながります。

幅広いアンテナで情報をキャッチすることも重要

人材紹介では、幅広い業界の知識を所有することが求められます。情報収集能力や学習意欲を身に付けておくとよいでしょう。

たとえ興味のない職種であったとしても、仕事である以上、興味のないものを避け続けるわけにはいきません。企業の新サービス発表や合併などの報道へは、仕事の参考になる可能性があるという意識を持ち、アンテナを張るとよいでしょう。

また、人材紹介では**マルチタスク**能力も要求されます。人材紹介では、多数の企業を担当している状態で求職者の情報も管理し、その双方と連絡を取りながら営業の準備や業界研究もする、といったような多岐にわたるタスクを抱えます。数多くの業務を効率よくこなす力が強く求められる職業なのです。

マルチタスク
複数の作業を同時に行うこと。本来はコンピューターのシステムを指す言葉だったが、ビジネス上でも使用されるようになった。

▶ 人材紹介の特徴と必要な力

求められる能力

コミュニケーション能力

「人を扱う職業」であることを自覚する

↳ 誤解が生じないよう適切な方法でわかりやすく伝える・聞くことが必要

プレゼンテーション能力

情報を整理して、わかりやすく正確に伝える

↳ 円滑に会話を進め、正しく情報を共有しなければいけない

マルチタスク能力

複数の企業、求職者の対応を同時に担当する

↳ 業務を効率よくこなさなければいけない

求められる姿勢

こまめな連絡、素早い対応

人材紹介は企業と求職者の仲介者

↳ 両者からの信頼を獲得し間を取り持つために、スピーディーな対応を心がける

幅広い知識、情報収集力

さまざまな業界の仕事を扱う

↳ どんなことも仕事の参考になるという意識で、常に情報を探してアンテナを張っておく

効率を意識しながらも誠実な姿勢が求められます

Chapter5
19

想定される支払いトラブルと取るべき対策

人材紹介会社にとって利益となる手数料は、求人企業にとっては小さくない負担となります。人材を紹介したのに適切な手数料が支払われない、という事態を防ぐために十分な確認が不可欠です。

企業に「支払いの抜け道」を与えない

150ページで触れた通り、企業と求職者の間で直接採用が決まってしまっては、人材紹介会社は報酬を得ることができません。

人材紹介会社を通して採用が決定する場合に手数料が発生する、ということはつまり、採用に人材紹介会社を通さなければ手数料は発生しないということだからです。この抜け道を埋めない限り、会社が損をする可能性があります。オーナーシップ条項はこのためにつくられました。

企業から求職者本人への直接接触を制限することで、コンサルタントを通す必要性を生じさせます。

面接日程や合否の連絡をコンサルタントが担当する背景には、実はこのような理由があったのです。

契約時に規定を明確に伝える

求職者が無事入社を迎えると請求段階に進む手数料ですが、その基準となる「想定年収」とは何を指すのでしょうか。

この際に問題になるのは、固定給の部分のみを指すのか変動給も含むのか、賞与や歩合はどう扱うのか、という点です。もしもこれを明確にしないまま契約を結んだとして、人材紹介会社は賞与などすべて含めて想定年収としていたが、企業側は基本給のみだと把握していた、というような齟齬が生じれば、手数料請求の場面でトラブルになります。

想定年収の定義を示し、またパーセンテージだけではなく具体的な金額を確認しておけば、認識がすれ違う可能性を抑えることができるでしょう。

人材紹介サービス利用に伴って発生する手数料は決して安価な

変動給
業務内容や業務量に応じて変動する給与。歩合、出来高、夜勤手当や残業手当など。

基本給
毎月支払われる固定の給与。似た言葉として「固定給」があるが、こちらは通勤手当、住宅手当などが含まれた額のこと。

▶ 人材紹介で起こりうるトラブル

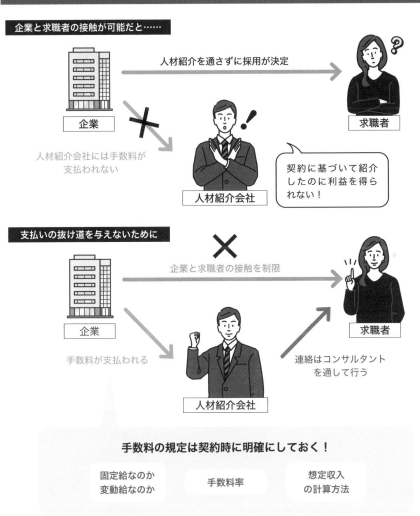

手数料の支払いを回避される

企業と求職者の接触が可能だと……

人材紹介を通さずに採用が決定

企業

人材紹介会社には手数料が
支払われない

人材紹介会社

求職者

契約に基づいて紹介
したのに利益を得ら
れない！

支払いの抜け道を与えないために

企業と求職者の接触を制限

企業

手数料が支払われる

人材紹介会社

求職者

連絡はコンサルタント
を通して行う

手数料の規定は契約時に明確にしておく！

固定給なのか
変動給なのか

手数料率

想定収入
の計算方法

ものではないため、双方慎重になっておいて損はないはずです。
契約内容の擦り合わせを怠れば、後々のトラブルの原因になりか
ねません。十分に確認を行うことが、トラブル回避のための何よ
りの対策になるでしょう。

人材派遣会社が展開する人材紹介事業

ほかの事業主にはない
データベースがある

2017年に人材紹介事業に必要な免許の取得要件が緩和されて以来、誰でも比較的容易に人材紹介事業を展開できるようになりました。人材派遣を行う事業主も例に漏れず、人材紹介事業を開始する人材派遣会社が増加しています。その理由は、免許取得要件の緩和だけでなく、既存の顧客に対する新しいアピールになることが挙げられます。

どんな企業であっても、無尽蔵に派遣スタッフを受け入れることはありません。派遣スタッフの受け入れ自体がストップしたり、もしくは競合他社へ依頼が流れてしまったりすることもあります。

しかし、企業が抱える人材派遣以外のニーズ（たとえば長期的に就労可能な労働者の確保）を満たす提案ができれば、継続した依頼の受注が期待できます。そのニーズを満たすカギとなるのが人材紹介なのです。

さらに、人材派遣会社は、すでに求職者のデータベースを所有しており、その中には「将来的には正社員を目指したい」と思っている人材も少なくありません。

つまり、人材派遣会社が人材紹介を行うことで、求職者の可能性を引き出したマッチングが行えるのです。ただし、求職者が企業の求める要件を満たしていない可能性もあるため、コンサルティングが必要です。

売上が立たず
挫折するケースもある

一方で、人材紹介事業の開始にデメリットがないともいえません。

人材派遣会社には、求人票のつくり方や選考の進め方など、人材紹介に必要なノウハウが蓄積されていないことがほとんどです。正社員と派遣社員では募集要件の定義も違うため、突然人材紹介を始めたとしてもしばらくは人材紹介で成約を出すことは難しいでしょう。

また、人材紹介は成功報酬型であることが多いため、始めのうちは工数に見合った売上にはなりません。この段階で参入を諦めてしまう事業者も少なくないといいます。

第6章

人材派遣サービスの
基礎知識・組織・実務

人材派遣は、労働力確保の3分野でもっとも市場規模が大きなサービスです。また、短期間の就業が大多数である、間接雇用の形態を取る、法律による制限が多いなどといった特徴が多くあります。本章では、人材派遣のしくみや必要とされる能力などを解説します。

Chapter6
01

人材派遣サービスは必要なときに必要な人材を提供する

派遣サービスは企業が人材を必要としたときに、求める能力・条件に合致した人材をスピーディに派遣することが求められます。自社の抱えるスタッフを理解し、管理することが大事です。

企業と労働者の条件をマッチングさせる

　人材派遣サービスとは、労働力を求める企業に希望や条件に合わせた人材を提供するサービスです。

　2017年の派遣労働者実態調査で、企業が派遣労働者を受け入れる理由について73.1%が「欠員補充など必要な人員を迅速に確保できるため」と回答しているように、必要に応じて、必要な分だけ人材を確保できる点が企業にとって大きな魅力となっています。

　派遣会社（派遣元）は、自社の社員や登録者の中から、派遣先の業務内容、レベル、就業条件に適した人を選び、派遣先の企業に派遣します。派遣スタッフは派遣会社と雇用契約を結び、派遣先の企業と派遣会社は労働者派遣契約を結びます。派遣スタッフの選出は派遣会社に一任されており、派遣会社は企業からの依頼に基づいて条件に合致する人を選び、その人に業務を依頼、交渉をして、契約まで進めます。派遣先の企業が選考を行うことはありません。

　派遣スタッフは、派遣会社と雇用関係にありながら派遣先の企業の指揮の元で働く、間接雇用形態で働きます。

　給料の支払いや勤怠管理などの労務管理は派遣会社によって行われます。そのため、派遣先の企業での業務内容や業務レベルによる時間単価と実働時間を元に派遣スタッフの給料を計算することも、派遣会社の業務の1つです。

　派遣スタッフが社会保険に加入する場合も、派遣会社の社員として加入します。また、派遣スタッフのスキルアップのための研修を用意するなど、派遣後のトラブルの対応や相談などのサポートも担当します。

> **労働者派遣契約**
> 人材派遣を行う際に、派遣会社と派遣先の間で結ばれる契約。

▶ 人材派遣サービスのしくみ

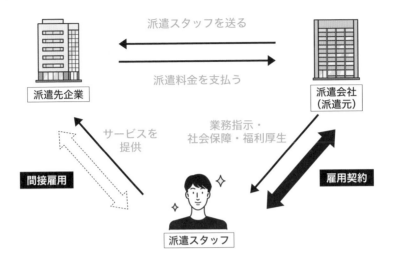

▶ 派遣労働者を就業させる理由

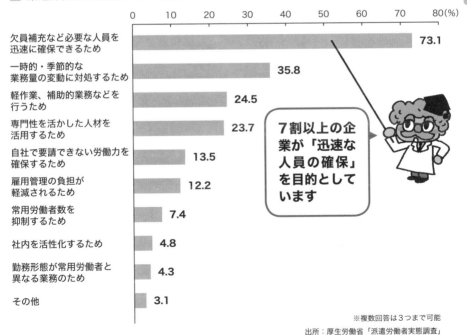

理由	%
欠員補充など必要な人員を迅速に確保できるため	73.1
一時的・季節的な業務量の変動に対処するため	35.8
軽作業、補助的業務などを行うため	24.5
専門性を活かした人材を活用するため	23.7
自社で要請できない労働力を確保するため	13.5
雇用管理の負担が軽減されるため	12.2
常用労働者数を抑制するため	7.4
社内を活性化するため	4.8
勤務形態が常用労働者と異なる業務のため	4.3
その他	3.1

7割以上の企業が「迅速な人員の確保」を目的としています

※複数回答は3つまで可能

出所：厚生労働省「派遣労働者実態調査」

Chapter6 02

人材派遣における原価は派遣スタッフにまつわる費用

派遣先企業からの売上を、派遣スタッフの給料や会社の運営費で引いた額が人材派遣会社の利益です。とくにニーズの高いジャンルでの経験やスキルを持った人材の確保と、企業との相性が売上に影響します。

派遣先からの派遣料金が売上になる

人材派遣会社の売上は、派遣料金収入と紹介手数料です。そこから、派遣スタッフの給与や社会保険料、そのほか必要経費を差し引いた額が利益になります。つまり、賃金、社会保険料、有給休暇にかかる費用などが「売上原価」にあたります。研修費や募集にかかる費用や会社運営に関わる費用などが経費です。

売上から原価を引いた額が売上総利益で、売上高のうち総利益の占める割合が粗利率です。派遣料金や支払い賃金は粗利率によって変化します。そこから人件費などの必要経費を引くと営業利益が出ます。売上のうち、営業利益の割合は約1〜2％です。

派遣先の企業から派遣会社へ支払われる派遣料金は、時間単価に実働時間をかけて計算し、1カ月や半月分を派遣先の企業に請求します。時間外労働が発生した場合は、時間外の割増料金を加算します。

派遣会社の各月の売上高は契約の時期や数によって左右されるため、流動的です。なお、派遣料金は、派遣スタッフが行う業務内容とその業務レベルによって決まります。難易度や専門性が高く、責任の重い業務ほど金額が高くなります。

職種ごとの相場はありますが、業界で定められた統一料金はありません。厚生労働省の2018年「労働者派遣事業報告書の集計結果」によると、派遣料金の平均は8時間換算で2万3044円です。

同一労働同一賃金に沿った料金設定が必要

2020年から改正労働者派遣法が施行され、「同一労働同一賃金」制度が導入されました。これは正社員と派遣スタッフの待遇の格差を改善するためのもので、支払い料金や派遣料金を設定す

社会保険料
社会保険とは、病気や怪我、死亡などにたいして給付を行う公的な保険。会社員の場合、被保険者と企業がそれぞれ決まった割合で保険料を負担する。

売上原価
一般に、売れた商品にかかった原価のこと。人材派遣の場合は稼働中の派遣スタッフにかかる費用を指す。

売上総利益
売上から売上原価を引いた額。粗利とも呼ばれる。

▶ 人材派遣会社の利益構造

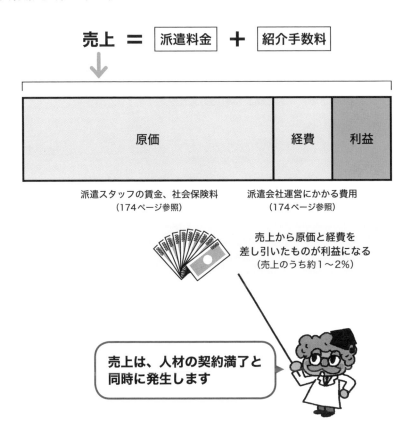

売上 ＝ 派遣料金 ＋ 紹介手数料

原価	経費	利益

派遣スタッフの賃金、社会保険料
（174ページ参照）

派遣会社運営にかかる費用
（174ページ参照）

売上から原価と経費を
差し引いたものが利益になる
（売上のうち約1〜2％）

売上は、人材の契約満了と
同時に発生します

る際は、これに沿って設定する必要があります。

　派遣料金を上げると派遣先企業との契約がとりづらく、一方で労働者への支払い賃金を下げると労働者確保が難しくなります。そのため、「同一労働同一賃金」に沿った適切な料金設定が重要になります。

　また、重要なのは、売上の発生は受注時ではなく契約満了時であるということです。派遣先が求める人材を契約満了まで提供し続けることができて初めて、売上になるのです。派遣先に満足される派遣を行い、契約を確実に満了するためにも、派遣先のニーズに合わせたマッチングや多様なスキルを持つ労働者の確保が必要です。

Chapter6
03

人材派遣事業の原価と経費

営業利益を計算するための費用は、原価と経費に分かれます。原価は派遣スタッフの給料です。経費はスタッフ募集の求人広告などのスタッフに関するものと会社運営に関わるものの2つがあります。

派遣スタッフそのものの賃金が原価

前節で登場した原価と経費について詳しく見ていきます。

売上原価とは、商品の仕入製造にかかる費用のことをいいます。人材派遣の場合、原価は派遣スタッフの賃金、厚生年金や健康保険などの社会保険料、有給休暇にかかる費用など、スタッフそのものにかかる費用です。通勤交通費は、「同一労働同一賃金」の観点から派遣スタッフにも支給されることが多くなりましたが、派遣先の企業が支給することもあれば、派遣会社が支給することもあるため、交通費に関する対応はケースバイケースです。それに対して、社会保険や有給休暇分は必ず派遣会社が負担しなくてはいけません。

実際に派遣が行われるまでは賃金やこれらの費用は発生しないので、原価は派遣中のみに発生することになります。

通勤交通費
労働者（パートやアルバイトなども含む）が出勤に要する費用を、企業が通勤手当として支給するもの。

派遣会社を運営していくための経費

経費は、「派遣スタッフに関わる経費」と、「会社運営に関わる経費」の2つに大別されます。まず派遣スタッフに関わる経費としては、派遣スタッフを集める募集広告費や教育研修費のほかに、健康診断料などの福利厚生費などがあります。これらは稼働中の労働者以外にも、未稼働の労働者も含めた登録者全員に関係するものです。

会社運営に関わる経費は、派遣会社で働く社員や各部門を運営するにあたってかかる費用です。社員の人件費、社会保険料、研修費、福利厚生費など、一般的な企業と同じような経費がかかります。なお、店舗がある場合は家賃や光熱費などの固定料金も含まれます。

募集広告費
派遣スタッフの募集のためにかかる費用。新聞、雑誌、求人サイトへの広告掲載料などがある。

教育研修費
従業員が会社の仕事で必要な技術・スキルを習得するために支払われる費用。

▶ 人材派遣にかかる費用

○ 派遣スタッフにかかる費用

●稼働中の派遣スタッフのみにかかる費用

・賃金
・社会保険料
・有給休暇費用
・通勤交通費

→ 原価

●未稼働・待機含む登録スタッフ全員にかかる費用

・募集広告費
・教育研修費
・福利厚生費

○ 派遣会社運営にかかる費用

・派遣会社の社員人件費
・光熱費、家賃などの固定費
・そのほかの運営費

→ 経費

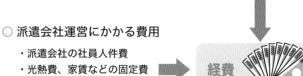

未稼働や待機中を含むすべての派遣スタッフの社会保険料や有給休暇費用も派遣会社が負担しているため、売上に対して原価・経費の割合が大きくなりやすいのが特徴です

📍 幅広い人材を提供するために経費は必要

　派遣会社にとって、派遣スタッフは「商品」にあたります。登録数が多くなるとそれにかかる経費も大きくなりますが、顧客である派遣先企業のニーズに合った人材を提供するために、職種やスキルなど幅広く多様なスタッフを確保する必要があります。

　また、企業から受注後、速やかにスタッフを派遣するためにも、実際に稼働する人数の数倍の登録が必要となります。

派遣ごとに契約を結ぶ「登録型」無期雇用の「常用型」

人材派遣の契約には、「登録型」と「常用型」の2つがあり、それぞれに特色があります。仕事が選べたり、待遇が保証されてたりと雇用の条件が違うので、詳しくご紹介します。

派遣中のみ雇用関係になる「登録型」

人材派遣には、登録型と常用型の2つのスタイルがあります。

登録型は、派遣会社に登録した労働者が、派遣先のニーズに合致した場合に一定期間派遣される、というものです。その契約期間のみ、派遣会社と雇用関係になります。登録すれば必ず派遣されるという保証がない代わりに、業務内容や就業条件、勤務地の自由度は高く、契約期間外の拘束はありません。派遣スタッフは複数の派遣会社に登録していることも多く、即戦力や専門性を要求される傾向にあります。

派遣終了後に、同じ派遣会社からもう一度派遣されるときも、派遣スタッフはあらためて派遣会社と雇用契約を結ぶことになります。

賃金は通常、時給で設定されており、手当や賞与、退職金はありません。労働時間などが社会保険の加入条件を満たす場合は、派遣会社の従業員として社会保険に加入します。

派遣会社と常時雇用を結ぶ「常用型」

常用型では、派遣スタッフは派遣会社の社員として企業に派遣されます。その際は無期雇用、つまり、期限の定めがない社員として、派遣会社との雇用は退職まで続きます。

派遣会社と常時雇用関係を結び、派遣先には契約社員か正社員として派遣されるため、労働条件選択の自由度は低いですが、安定した労働形態です。賃金は月給であることが多く、手当や賞与があります。派遣終了後も、派遣会社と派遣スタッフの雇用関係は結んだままほかの派遣先に派遣され、新しい派遣先で働くまでの待機中も給与が支払われます。

一定期間
2015年に改正された労働者派遣法によって、派遣スタッフが同じ派遣先で働ける上限として3年という期間を定められている（一部例外あり）。

常時雇用
労働者を、期間の定めなく雇用すること。また、過去1年以上継続的に雇用している場合や、採用から1年以上継続して雇用すると見込まれる場合もこれに該当する。人材派遣においては、契約社員か正社員として派遣されることを指す。

待機
人材派遣において、派遣先での業務が終わり、次の派遣先が決まっていない状態。

登録型派遣と常用型派遣の違い

登録型

派遣期間のみ有期で雇用関係を結ぶもの。条件選択の自由度が高いが必ず派遣できるという保証はない。

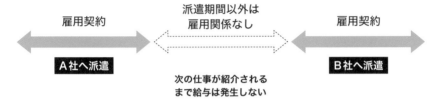

常用型

派遣会社と無期で契約を結ぶもの。条件選択の自由度は低いが、安定した給与を得ることができる。

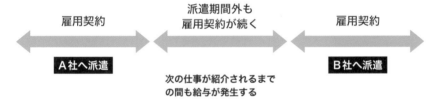

常用型サービスの例

- ●マイナビキャリレーション（マイナビワークス）
- ●キャリアウィンク（リクルートスタッフィング）
- ●ミラエール（スタッフサービス）
- ●ファンタブル（テンプスタッフ）

専門性を生かしてスキルアップを狙う

　常用派遣では、研究機関やメーカー開発、情報技術などの理系分野のほか、介護や経理など、専門性の生かせる職場に多く派遣されます。また、複数の職場で経験を積むことができるため、若年層を主としてキャリアアップの一環として常用派遣を活用する人もいます。

Chapter6
05

人材派遣事業を
行うために必要な許可基準

人材派遣業は誰でも行うことができるわけではありません。事業を行うには
「欠格事由」に該当しないこと、要件を満たすことの2つをクリアし、許可
を受ける必要があります。

人材派遣事業には許可が必要

労働者派遣事業を行う場合は、厚生労働大臣に対して許可を受ける必要があります。2015年以前は、常用型の派遣のみを対象にしている派遣事業は届出制、それ以外の登録型などを許可制としていましたが、2015年9月以降は届出制、許可制の事業の区別がなくなり、すべて許可制になりました。

許可制には、該当すれば許可を受けることができない「欠格事由」と、それぞれの要件に適合しなければいけない「許可基準」の2つをクリアする必要があります。欠格事由は、たとえば禁錮以上の刑となる有罪判決を受けていない、一定の労働法に違反して罰金以上に処せられて5年を経過していないなどがあります。

厚労省が定める4つの許可要件

厚労省の許可基準には4つの要件があります。

たとえば、「労働派遣を特定の者だけに提供することを目的としていないこと」。グループ企業内のみで人材派遣を行うなどの「専ら派遣（194ページ参照）」を目的としていないことです。

また「雇用管理を適正に行える能力があること」。これは、派遣会社責任者、派遣会社事業主としての要件を満たした上に、派遣労働者のキャリア支援制度を有することや雇用管理を適切に行えるための体制ができているという意味です。

さらに、個人情報の適切な管理に関する要件「派遣労働者の秘密を守るのに必要な措置がとられていること」、財産、組織、事業所など資産に関する要件「事業を的確に遂行する能力があること」があります。

欠格事由
欠格とは、要求されている資格がなく、その事業にあたるのにふさわしくないこと。ふさわしくないとされる条件。

許可基準
人材派遣業の許可を受けるために、会社の役員と派遣元責任者に課される基準のこと。

▶ 人材派遣事業を申請する際の要件

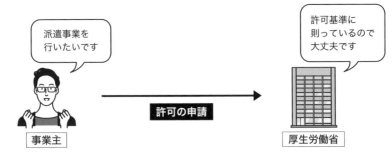

主な欠格事由（該当してはいけない）

禁錮以上の刑に
処された

5年以内に一定の
労働法などに違反して
罰金刑以上に処された

主な許可要件（要件を満たす必要がある）

**不特定多数の求職者
を対象とした事業展開**

➡専ら派遣の禁止（派遣スタッフの派
遣先を限定する行為は、労働者派遣法
によって禁止されている）

適正な雇用管理

➡責任者の選任義務、キャリア支援窓
口の設置などキャリア支援のための各
種制度の整備

守秘義務

➡派遣スタッフの個人情報を適切に管
理するための事業運営体制の整備

事業遂行能力

➡800万円以上の事業資金、明確な指
揮命令系統、事業使用のためにおおむ
ね20㎡以上の土地の所有など

Chapter6
06

人材派遣会社が派遣できない業務

特殊な専門知識や経験を必要とする業務は人材派遣ができません。たとえば警備や医師などの業務の適正性や支障が出ることを懸念し、派遣を禁止されています。また法律の変化により、禁止の条件は変化してきました。

● ポジティブリストからネガティブリストへ

　すべての業務に対して人材派遣が行えるわけではありません。派遣できる業務の範囲は労働者派遣法の改正によって変化してきました。

　1999年までは、派遣できる業務を定め、それ以外の業務は禁止されるといった限定的な方法（ポジティブリスト方式）でしたが、改正後は派遣できない業務を定め、それ以外は自由化するというネガティブリスト方式に変わりました。

　ネガティブリストは適用除外業務とも呼ばれ、ここでは労働者が不当な扱いを受けるトラブルが懸念される業務が禁止されています。ネガティブリストには、港湾運送業務、建設業務、警備業務、病院や診療所における医療関連業務、弁護士や社会保険労務士などの士業が挙げられています。

● 派遣の期間に対する規制

　その一方で、2012年に日雇い派遣の原則禁止（例外あり）、グループ企業内派遣の8割規制など規制が強化されました。2015年には、派遣業務の期間制限の基準が変わりました。それまでは業務区分ごとに決められ、1999年に自由化された業務などが最長で3年の期間制度があったのに対し、専門業務は無期限でした。改正後はこの区分ごとの制度が廃止され、個人単位の期間制限と事業所単位の期間制限の2つになりました。

　一定期間で完了する有期プロジェクト業務や、1カ月の稼働日数が10日以内の日数限定業務、産休や育児休業、介護休業を取る労働者の代替業務は、期間制限の対象外になります。

ポジティブリスト
原則としてすべてを禁止し、制限しないものの一覧を作成する方式や制度のこと。

日雇い派遣
31日未満の雇用契約または1週間に20時間未満の労働のいずれかに当てはまる派遣形態。禁止されているが、業務、労働者、年収によっては例外がある。

専門業務
ソフトウェア開発、放送機器操作、翻訳・通訳・速記など、専門的な知識や技術を必要とする業務のこと。その専門性から「派遣は最長3年まで」という規制の適用外となっていた。

▶ 派遣を禁止されている業務

港湾運送業務

建設業務

警備業務

病院や診療所の医療関連業務
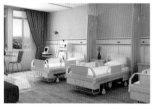

弁護士などの士業

元々ネガティブリストに入っていた「物の製造業務」（鍛造、旋盤、塗装、加工など）は2004年に解禁

▶ 例外的に派遣が認められている業務

派遣禁止の業務	一部派遣可能な業務
建設業 土木、建築そのほか工作物の建設、改造、修理など。複数の企業が共同で行う業務であるため禁止	**建設現場での事務作業** 建設業務に直接関わらない業務を行う場合であれば可能
士業 弁護士や税理士などの専門資格職業。個々人が事業を引き受けて行われる事業であるため禁止	**弁理士** コンサルティングに関し、特許事務法人（複数の弁理士が所属する事務所）以外を派遣元とする場合に可能

派遣期間に関する規制の詳細については、次ページから解説していきます

Chapter6
07

派遣できる期間は
原則3年と定められている

人材派遣業には、スタッフを派遣できる期間への制限が、それぞれ事業所と個人単位ごとに設定されています。派遣スタッフの就労に関わる問題であるため、確認を怠ってはいけません。

最優先されるのは事業所単位の期間制限

2015年の派遣法改正により、すべての業務で「派遣先事業所単位」、「派遣スタッフ個人単位」の2種類の派遣期間の制限ができました。

事業所単位の期間制限として、1つの派遣先事業所に対して派遣を受け入れることができる期間は原則3年と規定されました。たとえば、ある派遣スタッフAさんがS社に1年半派遣された場合、S社は新たに派遣スタッフBさんを受け入れても、1年半しか受け入れの期間がありません。

3年以上派遣を受け入れている企業は慢性的な人手不足であり、派遣ではなく正社員を雇うべきという意向から規定されました。3年を超えて派遣スタッフを受け入れたい場合は、意見聴取によって延長することができます。これは、派遣先企業の過半数労働組合または過半数代表者から意見を聞くことです。延長になった場合は、その事業所でのすべての人材派遣が一律で延長になります。

意見聴取
過半数労働組合などに期間制限の延長について意見を聴取し、異議があった場合は延長の理由、期間、過半数労働組合の意見への対応方針を説明する。

個人単位の期間制限も3年

同じ派遣スタッフを同じ事業所の同じ組織単位に派遣できる期間も、同様に3年です（個人単位の期間制限）。

ここでの「組織」とは、「業務としての類似性、関連性があり、組織の長が業務配分、労務管理上の指揮監督権限を有する」ものです。いわゆる「部」や「課」、グループなどがこれにあたります。会社の規模や形態によって区分が異なるため、「営業第一課」といった名前だけでなく、業務の実態でも判断されます。

事業所単位の派遣可能期間が延長された場合、同じスタッフを

事業所単位・個人単位の派遣可能期間

事業所単位の期間制限
1つの事業所の派遣可能期間は3年まで

＋

個人単位の期間制限
事業所単位の期間を延長しても、個人が同じ組織に派遣できるのは3年まで

延長手続き（意見聴取）によって3年まで延長できる

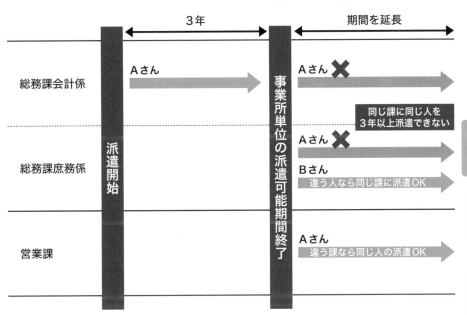

同じ企業の別組織に引き続き派遣することができます。

つまり、3年間ある課に派遣されたスタッフが、派遣先企業が期間の延長をした状態で別の課に配属されれば、引き続き同じ派遣先企業で就業できるのです。

また、事業単位・個人単位での派遣契約終了後、次の派遣の派遣開始までの期間をクーリング期間といいます。クーリング期間が3カ月を超えていない場合、人材派遣は継続しているものとみなされます。3カ月を超えている場合は、派遣期間の制限がリセットされ、新しい契約から改めて数え始めます。

Chapter6
08

契約終了後の雇用を守る
雇用安定措置

正規雇用者と比べて派遣スタッフは雇用が不安定になりやすいです。それを改善するため、2015年に法改正が行われ、派遣スタッフが継続的・安定的に就業できるよう雇用安定措置が義務付けられました。

派遣会社は雇用安定措置を講じる必要がある

雇用安定措置
派遣スタッフの「3年以上同じ職場で働きたい」という意思に関わらず法律上契約が打ち切られてしまうのを防ぐために、派遣先企業が行う支援のこと。

登録型派遣が不安定な雇用形態であること、期間制限の影響などを踏まえて、2015年の法改正で「雇用安定措置」の実施が追加されました。これにより、派遣終了後の雇用を継続させるため、同じ組織に継続して3年間派遣される見込みのあるスタッフに対して、派遣終了後の雇用安定措置が義務付けられました。

派遣会社は、まず派遣先への直接雇用を依頼します。派遣先で直接雇用に至らなかった場合、新たな派遣先の提供などの措置を講じます。ただし、スタッフが就業することができる合理的な案件に限られます。また、そのスタッフを派遣会社が無期雇用して、これまでと同じ派遣先に派遣するケースもあります。

そのほかにも雇用を維持したままの教育訓練や紹介予定派遣（192ページ参照）なども挙げられます。ただし、スタッフが同じ組織に1年以上3年未満派遣される見込みがある場合、これらの措置は努力義務となります。

また、派遣会社は派遣スタッフのキャリアアップを図るため、段階的かつ体系的な教育訓練、希望者に対するキャリア・コンサルティングを実施する義務があります。とくに無期雇用の派遣スタッフに対しては長期的なキャリア形成を視野に入れた教育訓練が必要です。

労働契約申込みみなし制度

偽装請負
書類上は請負契約であるが実態は労働者派遣であるもの。本来、請負は発注者と労働者との間に指揮命令関係は生じない。派遣元と派遣先で責任の所在があいまいになり、雇用や労働条件が確保されなくなる危険がある。

なお、人材派遣の禁止業務への従事、無許可の事業主からの派遣、期間制限違反、偽装請負などの違法派遣を受け入れた場合、派遣先はその時点で、スタッフに派遣会社における労働条件と同じ労働条件の契約を申し込んだものとみなされます。つまり、派

▶ 派遣会社に義務付けられる雇用安定措置

まずは①の措置を取る

①派遣先への直接雇用の依頼	②新たな派遣先の提供
③派遣会社で、派遣スタッフ以外としての無期雇用	④そのほか安定した雇用を図る措置

同一の組織（課・グループ）単位での
派遣見込みが3年 　→　 ①〜④を講じる義務が発生

同一の組織単位での派遣見込みが
1年以上3年未満 　→　 ①〜④を講じる努力義務が発生

上記以外で派遣会社に雇用された
期間が通年1年以上 　→　 ②〜④を講じる努力義務が発生

派遣スタッフが同一の組織単位で就業する際、業務上の必要性がないにも関わらず、雇用安定措置義務の回避を目的として継続就業期間を3年未満にする行為は脱法行為です

遣先企業は、派遣スタッフが派遣会社と契約していた労働条件と同じ条件で、そのスタッフを直接雇用する義務が発生する、ということです。これを労働契約申し込みみなし制度といいます。

　期間制限の違法は事業所単位、個人単位のどちらも労働契約申し込みみなし制度の対象です。派遣会社は、派遣スタッフに対して就業条件とともにこのことを明示しなければいけません。

Chapter6
09

派遣先企業と派遣スタッフ
それぞれと結ぶ契約の種類

派遣会社は、派遣先企業と派遣スタッフの双方に契約を結びます。契約書は、主に基本契約書と個別契約書の2種類です。また、契約を結ぶにあたって派遣スタッフに伝達するべき事項もあります。

派遣契約は基本契約書と個別契約書の2種類

派遣会社は、派遣先企業と派遣スタッフ、それぞれと契約を結んで、人材を派遣します。人材派遣には、派遣法のほかに労働基準法が関わるので、契約に必要な書類は多いですが、1つずつ対応すれば問題ありません。

契約に必要な書類は多くの場合、派遣会社は多くのスタッフを同時に派遣したり、短期の派遣をくり返したりしているので、派遣のしくみの大枠を定めた基本契約書と、個々の派遣の詳細を定めた個別契約書に分かれます。

基本契約書には、取引の条件、どの契約にも共通する原則について記載します。個別契約書には、スタッフの業務内容、就業条件や指揮命令者、派遣先会社責任者などを記載します。この個人契約書は、法律によって記載事項が定められています。派遣期間などの規制をよく確認して契約書を作成する必要があります。また、派遣会社は派遣先に対して、あらかじめ許可を済ませていることを明示する必要があります。

労働・就業条件を明示して雇用契約を結ぶ

登録型派遣の場合、派遣開始の際に派遣スタッフと雇用契約を結びます。派遣会社は派遣の前に、派遣スタッフとしての就業であること、紹介予定派遣の場合はその旨を派遣スタッフに明示します。

派遣会社は契約にあたって、労働基準法と派遣法の両方の観点から、派遣スタッフに労働条件を通知する必要があります。通知事項には、文書での明示が必要な事項と、口頭で伝えてもよい事項があります。

指揮命令者
人材派遣のしくみにおいて、派遣スタッフに対して、業務の指示を行う担当者のこと。人材派遣における指揮命令者とは、派遣先企業の担当者となる。

派遣先会社責任者
派遣事業では派遣スタッフの就業に際して、問題が起こったときにはその解決や労働者を保護を図るために、派遣先の責任者を設置しなければならないことになっている。

▶ 派遣先企業との契約書の主な記載事項

> **基本契約書** 派遣のしくみなど、基本的な事項について記載されている

- ・契約の目的
- ・派遣料金の設定、計算、支払い
- ・派遣スタッフの休暇、交代について
- ・損害賠償について
- ・契約の解除についての原則

など

> **個別契約書** 派遣法などに掲げられている法定記載事項が記載されている

- ・就業場所の名称、場所、組織単位、担当業務
- ・指揮命令者
- ・派遣期間、派遣時間帯
- ・派遣元会社責任者、派遣先会社責任者
- ・時間外、休日労働について
- ・派遣の解除にあたる措置
- ・派遣機関以外に就業させる日
- ・派遣先が派遣終了後に派遣スタッフを雇用する場合について

など

📍 派遣スタッフに明示するべき項目

　労働契約の期間、就業場所、業務内容、就業時間帯、休憩時間、時間外労働などの有無、休日、賃金の決定方法・計算方法・支払い方法、退職については文書での明示が必要です。労働基準法による労働条件明示書と、派遣法による就業条件明示書は重複が多いため、通常は労働条件通知書兼就業条件明示書として1枚に収めます。

　派遣会社は派遣スタッフに対し、派遣先が払う派遣料金についてあらかじめ明示しなければいけません。これらの条件や詳細と社会・労働保険適用の有無を派遣スタッフに知らせ、同意の上で雇用契約が結ばれます。

労働条件明示書
賃金、契約期間、勤務地、勤務時間、業務内容などの労働条件を記載した書類。企業と労働者が雇用契約を結ぶ際の交付が、労働基準法によって義務付けられている。

就業条件明示書
業務内容や派遣先企業の名称、派遣期間など派遣に関する条件を記載した書類。派遣会社は、1週間以上の派遣契約について、派遣スタッフへの交付が義務付けられている。

Chapter6
10

派遣会社と派遣先で派遣期間を確認する

派遣期間は法律で定められているため、いつまでスタッフを派遣できるかを把握する必要があります。また派遣スタッフにまつわる情報の通知には制限があります。

派遣スタッフの必要な情報を通知する

派遣契約自体は派遣される派遣スタッフの詳細を特定できないようになっているため、派遣会社は派遣先に必要な情報を別途で通知する必要があります。通知は基本的に文書で行いますが、緊急時には口頭で行います。

通知の内容は、派遣スタッフの氏名と性別、無期雇用労働者であるか否かなどです。これら以外の事項は通知する義務はありません。個人情報の保護や守秘義務の観点から、必要以上に情報を伝えてしまわないために経験職種や保有資格など業務遂行能力に関する情報のみ追加して通知できます。

同様の理由から、紹介予定派遣を除いて、履歴書の提出は禁止されています。

派遣先からも情報が通知される

派遣会社は、派遣先の派遣期間の制限を超えて継続して人材派遣をすることができません。派遣会社や派遣スタッフが変わっても「継続して派遣スタッフを受け入れている」ことになるので、派遣会社はその派遣先が以前に別の派遣会社から派遣があったかを知る必要があります。

派遣先が新たな人材派遣を受けるときは、派遣可能期間の制限に抵触することになる最初の日をあらかじめ派遣会社に通知します。派遣可能期間の延長などで人材派遣の開始後に変更したときは、同様に派遣会社に通知します。

派遣会社は、この通知をしない派遣先と派遣契約を結んではいけません。

無期雇用労働者
派遣スタッフに定められている契約期間のようなものがなく、無制限で派遣会社と雇用契約を結んでいる（＝無期雇用されている）労働者のこと。

守秘義務
職務を遂行する上で知りえた業務上の秘密を、外部に漏らさず保持するべき義務。

▶ 派遣会社と派遣先企業の間で必要な通知

スムーズな連携のため、派遣契約書とは別に情報の通知が行われる。

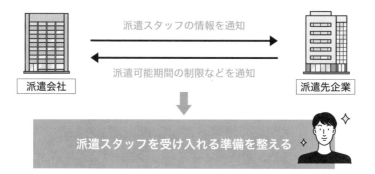

派遣会社が通知する内容

派遣スタッフの簡潔な情報

派遣スタッフは
こんな人です

・氏名、性別、年齢
・無期雇用労働者か否か
・社会保険の有無
・業務遂行能力に関する情報（経験や資格など）

など

派遣会社

伝達NG

過度に詳細な情報
個人情報の保護や守秘義務の観点から、必要以上に情報を渡さないようにする。履歴書の提出も一部例外を除いて禁止されている

派遣先企業が通知する内容

1年間派遣を受け入れることができます

制限を超えた派遣を行わないための情報

・派遣の受け入れ可能期間
・派遣可能期間の制限に抵触することになる最初の日

➡ 派遣開始後に派遣可能期間を延長した場合も通知を行う

派遣先企業

Chapter6

11

派遣契約の更新と解除の注意点

派遣契約は、派遣可能期間である3年の間で、企業が定めた期間ごとに更新することになります。一方で、その間に経営状況やトラブルなどが理由で契約を解除する場合もあります。

派遣可能期間の範囲内なら契約の更新ができる

個別契約
基本契約と同様、派遣元と派遣先との契約で、業務内容などより具体的な内容をまとめた契約のこと。

　毎回の派遣で結ぶ派遣契約（個別契約）について、派遣期間の制限を超えての契約更新はできません。たとえば、事業所単位の派遣可能期間である3年の間に、任意の期間ごとに派遣契約を更新することができます（ただし、個人単位の派遣可能期間や労働基準法に抵触する場合はできません）。手続きをして派遣可能期間が延長された場合は、その範囲内で更新が可能です。

　登録型派遣の場合、派遣契約と雇用契約は同時に結ばれるため、同じ期間で設定するとよいでしょう。

契約期間中の雇用契約解除への対応

　契約期間中に派遣スタッフから現行の雇用契約を解除したいと連絡があった場合は、なるべく契約期間満期まで円滑に派遣を行えるように、まず中途解約を回避できないか検討します。原因となっているトラブルがある場合は優先的に解決を試みましょう。スタッフと派遣会社の雇用契約が解除されても、派遣会社と派遣先との派遣契約期間は終了していません。

　契約期間中に派遣スタッフが雇用契約を解除することになった場合は、スタッフの新たな就業機会も確保しつつ、派遣先への対応をします。派遣先にとっては、スタッフ側の都合も含めて派遣会社側の責任であるため、派遣会社の責任で交代の引き継ぎや研修などを含めたフォローを行います。

就業機会
雇用機会ともいう。個人が労働サービスを提供しようとしても、企業側の職務に空席があるか、新たに雇用の場がつくりだされる場合以外には雇用されない。この空席と新規の雇用の場を指す。

　任期満了に伴い雇用契約終了に至る場合でも、更新に備えて交代要員を確保します。反対に、派遣先の都合によって派遣契約が途中で解除された場合も、派遣スタッフと派遣会社との雇用契約は期間満了まで継続します。

派遣スタッフが雇用契約の解除を希望する場合

派遣会社 → 中途解約の回避を図る → 派遣スタッフ → 意思が変わらない → 雇用契約解除

派遣先への対応
交代要員の確保、引継ぎ、研修

派遣スタッフへの対応
当該スタッフの就業機会の確保

派遣先が派遣契約の解除を希望する場合

派遣先企業 → 途中解約の申し出 → 派遣契約解除

就業機会の確保
別案件の打診、関連会社での就業

就業機会が確保できない場合
休業させ休業手当を支払う

📍 スタッフの解雇に伴う派遣会社の責任

　派遣スタッフが派遣先の都合によって雇用契約が途中で解除された場合、派遣会社は派遣先との契約が切れている間、派遣スタッフに賃金を払い、派遣先の関連会社などでの就業を図る、別案件の打診などそのスタッフの就業機会の確保をします。確保できない場合は休業手当を支払います。

　スタッフを雇い止めや解雇する場合、スタッフへのさまざまな責任が派遣会社に生じます。派遣スタッフにとって合理的理由がない場合は、派遣会社が勝手に解雇することができません。派遣契約が解除されたからといって解雇できるわけではありません。やむを得ず解雇する場合は、その30日前に解雇予告をする必要があります。また、派遣先の企業も、就業機会の確保や中途解除によって生じた損害の賠償が必要です。

休業手当
企業の都合で従業員を休ませた場合に支払う手当のこと。支払いは労働基準法によって義務付けられており、この手当は「賃金」に該当する。

解雇予告
解雇による労働者の困窮を緩和するため、労働者を解雇する場合は30日前までに労働者に解雇の予告をするまたは解雇予告手当（30日分以上の平均賃金）を支払うことが労働基準法に定められている。

Chapter6

12

派遣先での直接雇用を前提にした紹介予定派遣

契約期間が終了した後、派遣先企業と派遣スタッフの間で了承があれば、その企業の正社員となる紹介予定派遣。派遣先にとっては、働きを確認して採用するかしないかを判断できるというメリットがあります。

通常派遣とは契約内容が異なる

　紹介予定派遣とは、派遣スタッフと派遣先企業の両者の了承があれば、派遣期間満了時またはその前に正社員か契約社員として雇用される前提で派遣できるという、人材派遣の形態の1つです。派遣期間を試用期間として、派遣スタッフは企業の労働環境を、派遣先企業はスタッフの能力を知ることができるため、採用後のミスマッチなどを防ぐことができます。

　紹介予定派遣の本来の目的は採用であるため、派遣期間は通常の派遣よりも短い6カ月までです。派遣先企業、派遣会社、派遣スタッフの三方が了承すれば派遣期間を縮めて予定よりも早く直接雇用をすることもできます。その場合、派遣会社は短縮した期間分の紹介手数料を、派遣先から徴収できることもあります。こうした対応は、あらかじめ派遣先との契約の際に定めておく必要があります。

　また、最初から紹介予定派遣として契約した場合でなくても、派遣先企業か派遣スタッフが希望した場合は紹介予定派遣として改めて契約し、人材派遣から人材紹介に切り替えて採用内定を出すこともできます。

　派遣先企業が事前に派遣スタッフを特定する行為は禁止されていますが、紹介予定派遣に関しては、派遣後の雇用の可能性を高めるために履歴書の提出や事前面談などが可能です。将来的に正社員として採用される可能性があるため、正社員採用を目指す面接と同様に扱われることが多くあります。

　また、派遣先企業が派遣スタッフの直接雇用をしなかった場合、スタッフの求めに対し派遣先企業はその理由を説明する必要があります。

試用期間
採用後に設けられた本採用までの期間のこと。企業は、この期間中に労働者の勤務態度や能力を見極める。

紹介予定派遣のしくみ

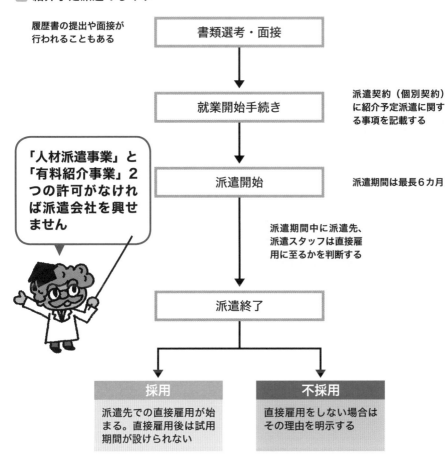

履歴書の提出や面接が
行われることもある

書類選考・面接

↓

就業開始手続き

派遣契約（個別契約）
に紹介予定派遣に関す
る事項を記載する

「人材派遣事業」と
「有料紹介事業」2
つの許可がなけれ
ば派遣会社を興せ
ません

派遣開始

派遣期間は最長6カ月

派遣期間中に派遣先、
派遣スタッフは直接雇
用に至るかを判断する

↓

派遣終了

採用	不採用
派遣先での直接雇用が始まる。直接雇用後は試用期間が設けられない	直接雇用をしない場合はその理由を明示する

通常派遣のほかにも許可が必要

　紹介予定派遣は、人材派遣と同時に人材紹介、職業紹介の性格
も併せ持っています。そのため、人材派遣事業の許可のほかに、
有料職業紹介の許可もしくは届出が必要です。

　紹介予定派遣を行う場合は、派遣前に派遣スタッフに紹介予定
派遣である旨を通知しなければいけません。派遣先との契約書に
も、紹介予定派遣であることを記載します。また、派遣終了後に
直接雇用に至るかは両者の承認によるため、必ず派遣先の企業に
就業するわけではないことを両者に伝えておく必要があります。

Chapter6

13

「専ら派遣」などの
禁止されている派遣形態

特定の企業にだけ派遣を行う「専ら派遣」は、広く需給調整を行っていると
いはいえないことから禁止されています。また、派遣スタッフをさらに別の
企業に派遣する「二重派遣」も、労働環境が保証されないため違法です。

専ら派遣、二重派遣の禁止

　「専ら派遣」とは、派遣会社が特定の派遣先にのみ派遣を行う
ことです。派遣先の数に関わらず、ある1つの企業にしか派遣を
しないという場合は専ら派遣になります。専ら派遣が行われると、
派遣先企業で正社員として働きたい人が雇用される機会が減らさ
れてしまいます。ただし、客観的に見て、不特定の派遣先に対し
て広告や営業、宣伝、マッチングのような派遣先確保の努力をし
ているにも関わらず、結果として派遣先が一定になってしまう場
合は専ら派遣にはなりません。

　そもそも、専ら派遣を目的としていないことは人材派遣事業の
許可要件であるので、勧告に従わない場合は許可の取り消しや事
業停止命令を受ける可能性があります。グループ企業などの関係
している派遣先に派遣するときは、派遣会社が行っている派遣の
うち、グループ企業への派遣の割合を80％以下にしなければい
けません。この規制は、主に派遣会社の親会社やその傘下となる
子会社が対象です。

　また、派遣会社から派遣スタッフを受け入れている企業が、さ
らに別の企業にスタッフを派遣することを「二重派遣」といいま
す。健全な労働環境が保証されなくなってしまうため、自己で雇
用している労働者を派遣していない場合は、労働者供給とみなさ
れ職業安定法違反となります。二重派遣を行なった場合、派遣ス
タッフを派遣した供給元の企業と、それを受け入れた企業の両方
が罰せられます。ただし、その両社間が請負契約（84ページ参照）
であった場合、派遣スタッフを受け入れた企業が請負によって他
社の事業を行うことは二重派遣にはあたりません。

▶ 禁じられている派遣形態

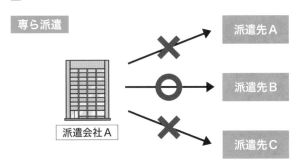

専ら派遣

派遣会社A

派遣先A
理由もなく派遣を断られた

派遣先B
B社にのみ派遣をし、他社への営業努力をしないため違法

派遣先C
特定の企業にしか派遣しないといわれた

二重派遣

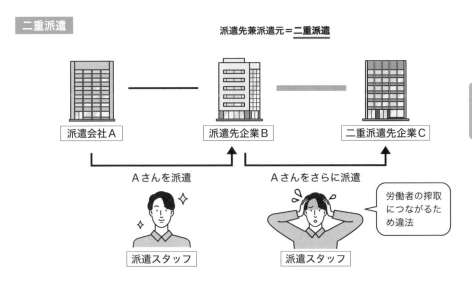

派遣先兼派遣元＝**二重派遣**

派遣会社A ——— 派遣先企業B ——— 二重派遣先企業C

Aさんを派遣　　　　Aさんをさらに派遣

労働者の搾取につながるため違法

派遣スタッフ　　　　派遣スタッフ

👉 ONE POINT

海外派遣を行う際は
届出が必要になる

海外、国内の法人に限らず、派遣先が海外にある場合は「海外派遣」となり、派遣会社は労働局に「海外派遣届出書」という届出をする必要があります。届出には「派遣先が講ずべき措置」の書面の写しを添付して提出し、派遣先の企業にも同様の書面を交付します。海外派遣の場合、交付や連絡がスムーズに進むとは限らないため、事前の調査と準備が必要です。派遣期間が1カ月を越えない場合や、海外出張など、その業務の指揮や責任が日本国内にある場合は届出の必要はありません。

Chapter6
14

派遣先に対応する部門と
派遣スタッフに対応する部門

人材派遣事業には、派遣先の営業を行う営業部門を始め、大きく４つの部門に大別されます。企業によって部門が独立していたり、複数の部門が融合していたりしますが、いずれにせよ、各部門の連携が欠かせません。

派遣先企業と関わる２つの部門

　登録型派遣会社は、主に「登録部門」、「マッチング部門」、「管理部門」、「営業部門」の４つの部門に分かれます。

　そのうち、派遣先企業に対応するのは「営業部門」「マッチング部門」です。営業部門では新規派遣先の開拓や受注、旧派遣先、現行派遣先のフォローや連絡を行います。トラブルやクレームがあった際は派遣先企業への対応もします。

　マッチング部門は、営業部門が受注した案件と登録部門が作成したデータをマッチングさせます。派遣先企業のニーズに合わせて、登録スタッフの中から条件に適したスタッフを選び、スタッフへの依頼や両者への交渉、条件や業務内容の連絡も行います。

派遣スタッフを支える２つの部門

　残る「登録部門」「管理部門」は、主に派遣スタッフへの対応を行う部門です。登録部門では新たなスタッフの登録に関する業務を担当します。登録スタッフの募集や登録面接、マッチング部門が使用する登録スタッフの基本データベースの作成を行います。

　管理部門は未稼働スタッフを含めた登録スタッフ全体の管理や、派遣先企業への請求管理を担当します。勤怠管理や請求、支払いのほかに、研修、スタッフの状況把握、派遣先企業での問題解決や福利厚生業務を行い、必要であればスタッフの「悩みの窓口」としての役割も担います。

　人材派遣事業は、これらの部門の連携によって支えられています。それぞれが独立している場合もあれば、内勤業務のコーディネーターと外勤業務の営業担当で分けられたり、いくつかの部門が融合していたりする場合もあります。

未稼働スタッフ
派遣スタッフとして登録はしているがその時点では実際に派遣先に派遣されていないスタッフ。登録型の場合、この期間は派遣会社と雇用契約を結んでいない。

悩みの窓口
派遣先での人間関係のトラブルや契約上のトラブル、健康面の不安や家庭の事情など個人的な事情の相談、キャリアアップや待遇（時給など）に関する相談に応じることもある。

▶ 派遣会社の4つの部門

営業部門

新規派遣先の開拓、案件の受注
トラブル、クレーム時の派遣先への対応

取り扱う情報
- 企業の要望
- 採用課題や需要など

登録部門

スタッフの登録、データベース作成

取り扱う情報
- スタッフの経歴
- 希望する業種など

マッチング部門

データベースを基にマッチング
派遣先、スタッフへの依頼、交渉、連絡

❗ 部門が融合したり、コーディネーターと
営業担当で分ける場合もある

コーディネーターとは
➡ 登録部門とマッチング部門の業務を1人で行う役割

| 求職者 | コーディネーター | 派遣先企業 |

業務を兼任！

管理部門

スタッフ全体の管理、派遣先への請求

Chapter6

15

ニーズに応えたマッチングを担う「営業部門」と「マッチング部門」

営業部門は、派遣先の情報を収集しニーズに合ったサービスを提案する業務などを行っています。マッチング部門では営業部門から渡された情報を基に能力、職種、環境などの適性に合ったスタッフを選ぶ業務を行います。

顧客を獲得し、派遣先の情報を得る営業部門

派遣先企業のニーズを把握し、それに合ったスタッフを選定するのが営業部門とマッチング部門の役割です。うまく企業の要望を集め柔軟なマッチングをするために、営業部門とマッチング部門は連携が不可欠であり、兼任することもあります。しかし、営業部門は一般企業の営業職と同様に、「売上の増加に直結する」仕事を中心に行います。

主な業務は派遣先企業の情報収集と伝達、交渉や管理調整、トラブル対応です。それぞれの企業にある需要を分析し、それに沿ったサービスを提案することで新規獲得を目指すのです。ここでの情報収集が、派遣先のニーズとなりマッチングの精度を高めることに役立ちます。そのため、ほかの部門、とくにマッチング部門と連携を取りながら仕事を進めていくのです。

新規派遣先だけでなく、今までに派遣契約を結んでいた企業や現派遣先にも、再受注、増員のために働きかけます。今まで派遣をした企業、現在している企業、これからする企業のすべてと関わりを持つのがこの営業部門です。

派遣先と派遣スタッフを取り持つ業務も行う

また、営業部門は派遣先企業や派遣中のスタッフの状況を確認します。派遣が始まったら派遣先の企業に挨拶に行き、派遣スタッフと連絡をとります。

トラブルがあれば未然に解決できるように働きかけます。実際に問題やクレームがあった場合は、派遣先に対してのフォローや対応を担当します。派遣先や派遣スタッフから信頼を得て、それを維持することが重要です。

▶ 営業部門とマッチング部門の業務

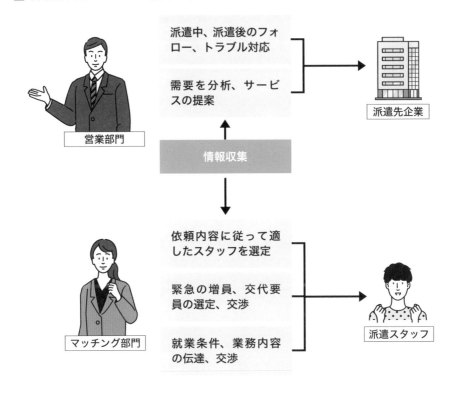

営業部門 → 派遣先企業
- 派遣中、派遣後のフォロー、トラブル対応
- 需要を分析、サービスの提案

情報収集

マッチング部門 → 派遣スタッフ
- 依頼内容に従って適したスタッフを選定
- 緊急の増員、交代要員の選定、交渉
- 就業条件、業務内容の伝達、交渉

◉ 派遣先とスタッフを組み合わせるマッチング部門

　マッチング部門は、営業部門から渡された依頼内容に従って、登録スタッフデータベースから適したスタッフを選んで案件の説明、交渉をします。スタッフの能力だけでなく、職種や職場の環境などの条件も含めて適切な人を選びます。スタッフへの派遣依頼、交渉の際は、業務内容と就業条件を正確に伝えます。ここで誤解のないように伝えることが、後のトラブルの防止、信頼の獲得につながります。

　派遣が始まった後も、緊急の増員や交代要請があった場合は再びスタッフを選びます。営業部門によるニーズの正確なヒアリングと、マッチング部門による受注内容、条件の理解がマッチングを成功させるカギです。

登録スタッフ
データベース
派遣会社に登録しているすべてのスタッフの情報が集まったもの。登録の際に登録部門が入力したスタッフについての情報がここにまとめられ、マッチングなどに活用する。

Chapter6

16

登録スタッフを知り管理する「登録部門」と「管理部門」

登録部門では、面接などを通して登録希望者の情報を収集・登録します。管理部門が取り扱う情報は派遣登録しているスタッフ全員分に及び、稼働可能なスタッフを把握するため常に更新作業を行います。

スタッフを募集し適性を把握する登録部門

　派遣スタッフを募集、登録し、管理するのが登録部門と管理部門です。

　派遣スタッフの登録は登録部門が行います。まずは広告などで募集することから始めます。登録スタッフの募集には、派遣先やスタッフの層を特定しない常時募集のほかに、人数不足や一時的な大量募集のために特定の案件に絞った募集や特定の職種の募集があります。

　登録の申し込みがきたら、登録手続きの案内を行います。面接などで、希望する業務やスキル、経験や特性を聞きます。そこで登録に関する必要事項を説明し、登録の意思が確認できたら必要書類の受け取りやスキルチェックを行います。

　スキルチェックでは、面接では測れなかった能力を見ることができます。経験や登録者の希望と実際の能力は一致しない場合もあるので、パソコンスキルなどの必須能力は確認しておくとよいでしょう。面接やスキルチェックで把握した登録者の能力、適性などの情報によって、この後のマッチングが行われます。

すべての登録スタッフを管理する管理部門

　登録者のデータのこまめな更新と活用が派遣の成功を左右します。そのデータの管理を担うのが管理部門です。派遣会社に登録されている派遣スタッフの中には、派遣中のスタッフ以外にもたくさんの未稼働スタッフ、待機スタッフがいます。登録スタッフの層は入れ替わり変化するため、誰が稼働できるかを把握することが大切です。常にデータを最新の状態に更新しておく必要があります。

▶ 登録部門と管理部門の仕事

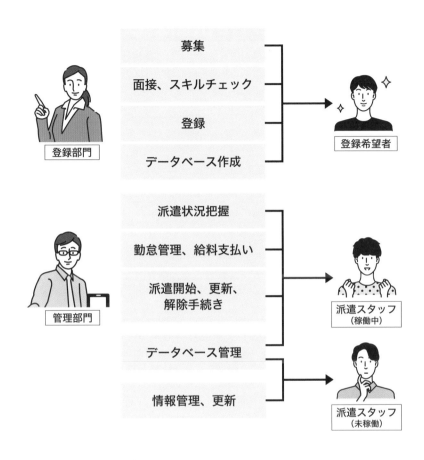

派遣中スタッフの管理も担当する

　多くの場合、データの管理や更新は専用のアプリなどを使って
コンピューターで行われます。スタッフデータからの検索と細か
な適性、条件を加味して派遣スタッフが選ばれます。

　派遣中のスタッフに対しては、タイムシートを基にした給料の
計算と支払いをします。

　ほかにも社会保険、雇用保険の加入要件を満たす場合は加入手
続き、健康診断の実施なども担当しています。派遣の開始、更新、
解除に関する事務手続きなども行います。

タイムシート
勤怠管理用の用紙。
出勤時、退勤時にそ
れぞれ時刻を記入し、
提出期限までに派遣
会社へ提出する。

ニーズの把握とサービスの向上が顧客企業獲得のポイント

既存の顧客に対する対応も重要ですが、新規の顧客を探し出すことが売上の増加に直結します。そのためには、サービスの信頼を高め、企業ごとの課題に対してアプローチすることが重要です。

それぞれ異なるニーズを見つける

派遣営業部門は、労働力を求める企業の需要を探り、それにあった派遣の提案をする部門です。

どんな組織でも、人を雇って成り立っている限り、新しい労働力に対するニーズがあります。新規企業を開拓するためには、それぞれのニーズを見極め、それに合わせたアピールが必要です。その企業のことはもちろん、業界や社会全体の動き、企業の要求水準の変化などを分析しながら、きめ細かい対応を行うことが求められます。

近年はテレワークへの移行の動きがありましたが、とくにコロナ禍のように働き方の流れに大きな変化があった場合は、いち早く対応して需要を見つけることが大切です。

新規顧客の獲得のためにと値下げに走るのは得策ではありません。派遣スタッフの妥当な支払い賃金を確保するため、値下げには限界があります。そのため、価格競争に頼るのではなくサービスの向上をアピールしていく必要があるのです。

企業の抱える問題や要望に沿うようなサービスの提案が営業の役目です。人材派遣についての企業側の知識が不足していたり、認識が偏っていたりする場合は、正確な知識を提供することで顧客獲得につながるほか、その後の契約において誤解やトラブルを防ぐことができます。

完全な新規顧客のほかにも、以前または現在派遣を行っている企業での再受注、同じ企業内の違う部署、グループ会社、関連会社への営業など、すでにあった取引からも受注の可能性を広げることができます。ビジネスの拡大には、過去の契約の分析も効果的といえるでしょう。

要求水準
与えられた課題・仕事を遂行するにあたって設定する、課題・仕事に対する主観的達成目標。

テレワーク
情報通信技術を使った、場所や時間の制約を受けない勤労形態。在宅勤務のほかに、移動中などにパソコンや携帯電話を使うモバイルワーク、サテライトオフィスなどを利用した施設利用型テレワークがある。

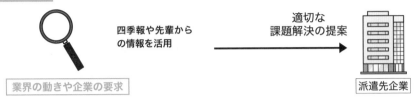

新規獲得

四季報や先輩から
の情報を活用

適切な
課題解決の提案

業界の動きや企業の要求

派遣先企業

再受注、関連会社への派遣

分析・派遣終了
後のフォロー

過去の経験を
活かす

過去の契約

営業部

派遣先企業

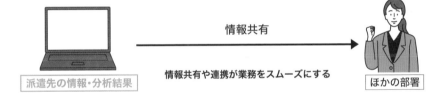

サービスの向上

情報共有

派遣先の情報・分析結果

情報共有や連携が業務をスムーズにする

ほかの部署

第6章 人材派遣サービスの基礎知識・組織・実務

📍 サービスへの信頼を高める

　明確な商品のない人材派遣事業では、信頼の獲得が顧客獲得に
直結します。人材派遣は契約が満了して初めて顧客獲得です。新
規の契約を取ってきても、顧客がサービスに満足できなければ中
途解約になってしまいます。

　スタッフの質やマッチングの精度を上げ、派遣業務がうまく進
む体制をしっかりつくることが信頼の獲得や事業の拡大にもつな
がります。新規獲得と同時に、サービスそのものへの信頼を築く
努力が必要となります。

登録面接では登録者の
スキルを元に適性を判断する

登録希望者の経歴やスキルは、希望者自身が記入したシートによって把握できます。しかし、これはあくまで自己申告であるため、スキルチェックや面接を通してより踏み込んだ理解が必要です。

登録希望者の能力と希望を把握する

　派遣スタッフの募集への申込みがあったら、面接で登録希望者を見極め、登録に至ります。直接会って話し、マッチングに必要な情報を確認します。ここで希望者のキャリアやスキルを正確に見極め、職種などの就業条件を把握することで、マッチングの精度を高め、トラブルを避けることができます。

　希望者の条件の基準やこだわりなど、機械的に判断ができない細かな要素を把握するためにも、面接は重要です。条件や必要スキルを調節することでできる案件が増えるなど、柔軟に対応し可能性を広げるためにも直接の対話が必要となります。

　また、派遣会社が登録希望者をチェックするのと同時に、希望者側も派遣会社をチェックしています。登録希望者は数ある派遣会社の中から自分に合った会社を選択するため、派遣会社は信用を損なわない、真摯な対応が必須です。希望者に疑問や不安がある場合は的確に答え、安心して派遣労働に挑める環境であると信頼してもらうことが重要といえるでしょう。

記入された内容を基に詳細を聞く

　面接では職業経験や資格、希望条件などが記入された書類やスキルチェックの結果を基に詳細を確認していきます。希望者が持参する書類は自己申告であるため、誤りや過大、過小評価があるかもしれません。資格や免許については、単に取得しただけなのか、実務能力があるのかも確認します。職業経験や技術は、即戦力性やレベル、適性もチェックしましょう。就業条件や希望職種については、条件を緩和できるかどうかも確認しながら妥当性を判断します。

実務能力
その業務が求める結果へ貢献するために必要な能力、スキル。資格の場合、単にその資格を保持しているだけでなく実際に仕事に活かせるかうかがポイントとなる。

▶ 面接で確認するポイント

就業希望、条件

・どの条件が最優先か
・どの条件なら調整できるか

家から少し遠くてもいいので事務職がいいです

書類ではわからない特徴

登録希望者に疑問が不安がある場合は安心して登録できるサポートを！

資格・スキル

書類の記載に間違いはないか
資格は実践的なレベルか

職場適性

話し方、ビジネスマナー
コミュニケーション能力
トラブルが発生する可能性

派遣スタッフに合った派遣先を
マッチングさせることができる

📍 書類ではわからない点をチェックする

　口頭での確認のほかに、希望者を観察することで派遣スタッフとして働けるかを判断します。服装や話し方からビジネスマナーや適応力などを見ます。就業可能かどうか以外にも、研修やカウンセラーで対応できるか、必要性を考えます。

　実務能力がどんなに高くても、派遣先の職場に馴染めなかったり、信頼を失うような行動をしてしまったりしては派遣スタッフの適性があるとはいえません。

Chapter6
19

派遣先と派遣スタッフ
双方に寄り添うためのポイント

人材派遣では、企業と派遣スタッフの間に立つ、いわば調整役です。そのため、双方に寄り添う対応が求められます。たとえば、稼働中の派遣スタッフの状況を積極的に把握することで、トラブル防止になります。

多様な知識と柔軟な対応力が必要とされる

派遣会社で働くには、どのような能力が必要なのでしょうか。

人を派遣する以上、人材派遣についての知識は必須です。人材派遣事業のしくみや特徴、メリットなど、派遣先や派遣スタッフにいつでも説明できなければなりません。

社会保険制度
公的な費用負担により、被保険者・被扶養者が、疾病や高齢、介護や失業、労働災害などのリスクに備えるための制度。主に「健康保険（医療保険）」「厚生年金保険（年金保険）」の2つを指す。

また、社会保険制度や税に関する知識、業種や職種に関する知識など、派遣スタッフに関わる情報も知っておく必要があります。派遣スタッフの権利を保証し、トラブルなく働いてもらうためにも、情報は常に最新に保ちます。さらに、実際に派遣スタッフが行っている業務内容を知っておくことは、派遣先の要望や派遣スタッフの希望を正確に理解することにつながり、マッチングやトラブルの解決に役立ちます。

積極的で丁寧な働きかけでトラブルを防ぐ

派遣スタッフが派遣先で問題なく働き続けるためには、早期の問題発見が重要です。問題が小さいうちに解決しておくことで、大きなトラブルの発生や双方の信頼の喪失を防ぐことができます。

問題発見能力
潜在的な問題に気付く力。問題が小さいうちに課題を見つけることで被害を最小限に抑えることができる。

問題発見能力、問題解決能力のほかに、ふだんから派遣中のスタッフや職場の状況を把握しておく、相談に乗るなどの積極的な働きかけがトラブル防止につながります。

こまめにコミュニケーションをとっておくことで信頼関係が築かれ、万が一の際に被害を小さく抑えることができます。スタッフの登録、案件の受注からマッチング、派遣に至るまで、それぞれの過程を確実、丁寧にこなしていくことが人材派遣にもっとも必要な要素です。

問題解決能力
発生した問題に対し、その原因を探り、解決に導く力。

知識

必ず守るべきルール

業務にまつわる法律が多く、違反すると罰則を受けるため、法律知識が必要

サポートに必要な知識

企業の採用フローや派遣スタッフのサポート体制などを知っていると、ためになる提案を行いやすい

能力

素早い判断と柔軟な対応

不測の事態が起こりやすい

➡問題を放置せずに適切な対応をできるようにする

積極的な働きかけ

派遣先、派遣スタッフとのコミュニケーション

➡信頼関係を築いておくことでトラブルの被害を最小限に

ストレス耐性、体力

複数の案件を同時に処理する

➡派遣先と派遣スタッフ両方の対応をするタフさも必要

第6章　人材派遣サービスの基礎知識・組織・実務

👉 ONE POINT

現場では、臨機応変かつ
すばやい対応が求められる

人材派遣事業を行う際には不測の事態が起こりやすく、取り扱う案件によっては体力を要したりストレスがかかったりする場合もあります。なお、さまざまな案件を同時に処理しなくてはいけないことからも、すばやく理解・判断し柔軟な対応をすることが求められる業務です。また、派遣先と派遣スタッフの間に立ち依頼や交渉を行うため、相手の立場に立ってものごとを考えることや、臨機応変に行動することも求められます。

Chapter6
20

ミスマッチなどのトラブルは双方からのヒアリングが重要

派遣先と派遣スタッフの間でトラブルが発生すると、「調整役」である派遣会社が双方の間に入ります。派遣スタッフの立場を守りながらも、どうしてトラブルが発生したのかを把握し、再発防止に努めましょう。

クレームの対応は早く的確に行う

クレームを受けた場合は、派遣先と派遣スタッフの両方に対して、迅速で確実な対応が求められます。

派遣先からクレームがあった場合、基本的には営業担当者が対応します。同時に、派遣スタッフに対しても話を聞き、現状の確認をします。その上で、派遣先と派遣スタッフのどちらかに非があるのか、誤解や行き違いであるのかを探るのです。

スタッフに問題がない場合は、派遣先の体制や雰囲気、指揮命令に問題がないかを確認し、派遣先の責任者と相談しながら改善します。

派遣会社のマッチングミスや、相性の問題など、改善してもこのまま継続して派遣することが難しい場合は、スタッフを交代することもあります。

指揮命令
派遣先で働く際に、派遣スタッフに対して業務の指示を行うこと。派遣スタッフの就労状況を適切に管理することも求められる。

派遣先への説明と派遣スタッフへの教育を行う

派遣先からのクレームとしては、主に派遣先の職場でコミュニケーションがとれない、身だしなみ、無断欠勤などの勤怠の問題があります。コミュニケーションや身だしなみについては、意識を改めるように指導をします。事前に研修を行うことで防げる場合もあります。

派遣スタッフが無断欠勤をした場合、まず営業担当がスタッフとともに派遣先にお詫びをします。スタッフに事情や理由を聞きつつ、できるだけ早く派遣先に対応することが大切です。急病などのやむをえない事情があればそれを説明します。認識の甘さがあれば指導をして改めさせるほか、こまめに連絡をとって教育を行います。

▶ クレームの例と対応

派遣先企業

・派遣スタッフ
　の無断欠勤
・コミュニケー
　ションがとれ
　ない
・身だしなみが
　整っていない

迅速に対応・
非があれば
謝罪

派遣会社

理由や事情
の確認

派遣スタッフ

説明、指導、交代などの措置

派遣スタッフからの指摘

派遣スタッフ

・業務内容が契
　約と違う
・指揮管理が不
　十分

契約内容を
確認・指示

派遣会社

事実確認・
改善要請

派遣先企業

新しい派遣先を紹介するなどの措置

📍 派遣スタッフを守る措置をとることが重要

　職場との相性が合わず、人間関係や仕事の悩みによって精神的な負担が大きくなる可能性もあります。その場合はスタッフ交代や派遣期間短縮などの対応をします。これは派遣スタッフを守ることにもつながります。

　派遣契約と業務内容が違う、業務の指揮管理がうまくいっていないなどの派遣スタッフからのクレームに関しては、契約内容を確認した上で派遣スタッフへの指示や派遣先への改善要請を行います。派遣先によっては指示責任者が人材派遣についてよく理解できていない場合もあるため、相手の理解度や状況を確認しながら問題を解決します。

指揮管理
派遣スタッフへの指揮命令（業務指示）は派遣先が取るため、業務の管理も派遣先が行わなければならない。

第6章　人材派遣サービスの基礎知識・組織・実務

有事の際に発生する「派遣切り」

コロナ禍で相次いだ「派遣切り」

2008年のリーマンショックや2020年の新型コロナウイルス感染症流行の影響で、アルバイトや契約社員など非正規雇用の解雇が目立ちました。派遣スタッフも例外ではなく、「派遣切り」が問題になりました。

派遣切りと呼ばれる行為は、派遣先・派遣会社間の派遣契約や、派遣会社・派遣スタッフ間の雇用契約を中途解除する「解雇」、更新を拒否する「雇い止め」を指します。

会社都合の派遣切りは、経営悪化による人員削減が主な原因です。コロナ禍での緊急事態宣言発令によって多くの企業がダメージを受け、雇用の調節が行われました。

厚生労働省の調査によると、2020年12月18日までの累積で、解雇の見込みがある非正規労働者は3万740人でした。その中でも製造業、飲食業、小売業、サービス業など、感染症拡大の影響を大きく受けた業種で、このような解雇が行われる傾向にありました。

派遣先にも措置を取る義務が生じる

190ページにもあるように、派遣スタッフの解雇には、派遣会社に義務や責任が生じます。ただし、派遣先も安易に派遣契約を解除することはできません。

十分な期間を取って派遣会社に解除を申し入れ合意を得ることや、派遣先の関連会社での就業のあっせんなど新たな就業機会の確保を図ることが義務付けられています。就業機会の確保ができない場合は、休業手当など、派遣会社に生じた損害の賠償を行う必要があります。

行政からの休業要請・指示を受けた場合であっても、派遣契約の解除が派遣先の都合であるかは個々に判断されます。一部の義務が免除されるケースもありますが、「派遣先が講ずべき措置」に基づいて就業機会の確保を図る必要があります。

厚生労働省では、派遣スタッフの雇用が維持されるよう、契約の安易な中途解除を行わないように呼び掛けています。

第7章

人材ビジネスの
これまでとこれから

人材サービス業界の将来を予測・検討するには、業界の歴史を知ることが大切です。実は、日本で初めて求人広告が掲載されたは約150年前だといわれています。本章では、人材サービス業界の長い歴史で起きた変化を解説し、今後の展開を予測します。

Chapter7 01

人材ビジネスは どのように誕生したか

人材ビジネス業界のこれからについてより深く知るために、人材ビジネス業界がどのような歴史をたどってきたのかを知っておきましょう。

📍 長期的な視点を持つために歴史を学ぶ

　日本で初めて登場した求人広告は、1872年だといわれてます。初めての求人広告が日本で誕生してから現在までの約150年の間に、人材ビジネス業界では、多くのビジネスモデルが生まれました。そして、現在も変化していく過程にあります。

　人材ビジネス業界の変化を長期的な視点でとらえることができるように、日本において、人材ビジネスがどう発展したのかを知っておきましょう。

📍 日本初の求人広告は明治時代に現れた

　1872年（明治5年）、東京日日新聞（現在の毎日新聞）に、乳母を雇いたいという広告が掲載されました。これが、日本で初めての求人広告だといわれています。

　さらに、同年には富岡製糸場で働く工女の募集もかけられています。明治から大正にかけて、新聞による求人広告の掲載という手法が広まり、新聞には結婚相手の募集から料理人、事務員といった職業の募集が次々と掲載されました。

　しかし、この求人広告の隆盛は一度途絶えます。昭和に入り、第2次世界大戦が起こることによってそれどころではなくなったのです。こうした状態は戦後の不況まで続きますが、朝鮮特需をきっかけに、神武景気（この後になべ底不況がある）、岩戸景気、といった高度経済成長期を経て、再び求人掲載の波が現れます。

　この高度経済成長期に、日本の重厚長大産業が形成されていきます。重厚長大産業とは、鉄鋼業、セメント、非鉄金属などにまつわる産業です。この産業には多くの労働力が必要であり、体力のある若い労働力が求められました。しかし、当時の都市部の若

富岡製糸場
群馬県富岡に設立された日本初の本格的な器械製糸工場。近代化、絹産業の技術革新・交流に大きく貢献した工場として2014年には世界遺産にも登録された。

重厚長大産業
重化学工業などの産業、またはそれら産業の特質。これらの産業が重く・厚く・長く・大きな製品を扱うことに由来する。具体的には鉄鋼業・セメント・非鉄金属・造船・化学工業など。

▶「旧型の労働体制」が生まれた要因

①労働力を増やすことで生産力を上げた

戦後、地方から大勢の人が東京や大阪といった都心に就職に就職し（集団就職）、その多大な労働力の確保によって経済が発達していった。

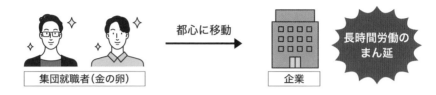

②同じ企業に長く勤める習慣が確立された

高度経済成長期からバブル経済期にかけて、終身雇用や年功序列が拡大し、制度として普及した。

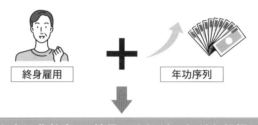

者は、中学校卒業後は高校進学をする人が多かったため、地方の学生が集められることになります。

　地方から多くの若者が東京や大阪といった都市部へ集団で移動する「集団就職」は、1950年代〜1960年代をピークに拡大していきました。地方から集まった若者は「金の卵」と呼ばれ、重厚長大産業を支える力となります。

　この時代に象徴されるような、大量の人員を集めて労働に当てるというリクルーティングシステムが生まれます。そのシステムは、高度成長期からバブル時代にかけて長期的に拡大され、制度的に強化されていきました。これによって、終身雇用や年功序列といった雇用システムが日本の雇用の代名詞となる時代が長く続きました。

集団就職
かつて日本で行われていた雇用形態。地方の中学・高校卒が大都市の企業や店舗などへ集団で就職すること。とくに高度成長期には農村から都市部への大規模な就職運動が盛んだった。

Chapter7 02

人材ビジネス業界の地殻変動

高度経済成長期における成長の要は鉄鋼業といった第2次産業でしたが、次第にサービス業、つまり第3次産業への転換を余儀なくされます。その転換期は、1997年にありました。

1997年を境に産業体制の変化が起こる

工業化によって成長した日本経済は、1990年代にその様相が変化します。まず、1980年代後半から始まっていたバブル経済が崩壊し、これまでの好景気が一転、不況に陥ったのです。

とくに、1997年になると消費税が3％から5％に引き上げられたことで、個人消費が落ち込みます。さらに、**金融ビッグバン**で山一證券といった当時の超大手証券会社が破綻するなど、「旧型の日本社会」が変わりつつありました。

当時は情報化社会、つまりモノを扱わないサービス業、通信業が始まりましたが、その産業転換にうまく乗れないでいました。

そのため、情報産業という新しい産業のあり方と、従来の重厚長大産業の間でひずみが起き始めたのです。

こうした不況に伴い、1990年初頭から約10年間、就活市場はいわゆる**就職氷河期**に突入します。1997年の大卒就職率は94.5％、それ以降は数値が下がり、2000年には91.1％となりました。この年を境に大卒就職率は上昇傾向に転化しますが、高卒就職率は2002年、89.7％にまで落ち込んでいます。

経済全体が落ち込んでいてた1990年代のうち、とくに象徴的な出来事が起きた1997年は、「旧型の体制では経済は回復しない」ということを学ぶきっかけとして「地殻変動」が始まった年だといえるでしょう。

地殻変動はこれからも必要

旧体制では日本経済は回復しないという学びのきっかけとなった「地殻変動」は始まったばかりであり、まだまだ変化していくこと必要があります。

金融ビッグバン
ここでは日本で1996年から2001年度にかけて行われた大規模な金融制度改革を指す。バブル崩壊からの経済再生のため、当時の銀行など金融機関の「護送船団方式」（お互いが潰れないことを重視した経営）を崩壊＝自由競争化させ、金融の活性化を図った。

就職氷河期
社会的に就職難となった時期の通称。該当世代は1990年代半ばから2000年代前半に社会に出たか、2000年前後に大学を卒業した世代。

▶ 求人総数の推移

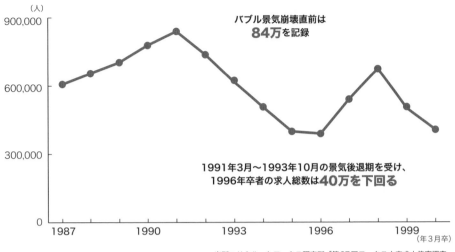

バブル景気崩壊直前は
84万を記録

1991年3月～1993年10月の景気後退期を受け、
1996年卒者の求人総数は**40万**を下回る

出所：リクルートワークス研究所「第37回ワークス大卒求人倍率調査」

▶ 旧型社会の変動に伴う人材業界への影響

就職活動に苦労した割合(世代別)

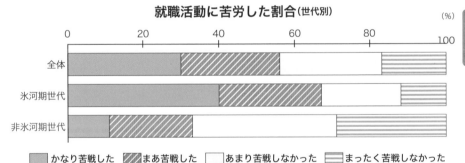

凡例：かなり苦戦した／まあ苦戦した／あまり苦戦しなかった／まったく苦戦しなかった

※小数点以下を四捨五入しているため、必ずしも合計が100にならない
出所：エン・ジャパン「ミドル2000人に聞く「就職氷河期」実態調査」

　日本社会が旧型の体制から変化していく過程の1つとして、2019年の年末から世界的に流行した新型コロナウイルス感染症の影響があります。この感染症を予防するために、新しい生活のあり方が現れました。人材ビジネス業界においても、この新しいあり方をきっかけに再び「地殻変動」が起こる兆しが見えています。

新しい生活のあり方
ウィズコロナ、アフターコロナなどと呼ばれる、コロナ禍を受けての社会や生活の変化。今後コロナ禍が収束してもビジネスや働き方などが以前とは大きく変化することが予想される。

215

Chapter7 03

新型コロナウイルス感染症が もたらす変化

2000年代には第3次産業が発展したことで、働き方が大きく変わりました。2020年代からは、新型コロナウイルス感染症の影響を受け、さらに新しい働き方が誕生すると予想されます。

新しい生活のあり方

　新型コロナウイルス感染症が流行したことで、飛沫感染を予防するために人と距離をとる生活が多くみられるようになりました。その代表例として、テレワークが挙げられます。

　通勤電車や勤務中における他者との接触リスクを減らすために、ビデオ通話などを用いて自宅で勤務するというあり方が広く認知され、浸透していきました。

　政府が7都道府県に緊急事態宣言を発令したのが2020年4月7日でしたが、パーソル総合研究所が4月10〜12日にかけて行ったアンケートでは、テレワークを実施した企業は全国で27.9％でした。その後、同年5月29日〜6月2日に行われたアンケートでは、25.7％であったことから、新型コロナウイルス感染症の影響によって、テレワークが普及していったと考えられます。

　また、ほかにも副業・兼業（234ページ参照）や**クラウドソーシング**（236ページ参照）の普及が進み始めています。

働きやすいと感じられる働き方

　副業・兼業やクラウドソーシングといったモデルが急激に伸びたのは、新型コロナウイルス感染症の影響によって収入が下がったからという側面と、それぞれの労働者が考える「働きやすさ」に対応しているという側面があると考えられます。

　これからは、従来の「平日に出勤して仕事をする」というパターンとは違う働き方が可能になります。働き方が変化することで、人材のマッチングもまた多種多様になります。人の流動化が抑えられ、求人といった需要が減る一方で、**パラダイム**の転換期ととらえ、新規のサービスを打ち出すよい機会ともいえます。

クラウドソーシング
クラウド（インターネットサービス利用）による業務委託。必要なときに必要な人材を調達することができる利便性・手軽さから、活用する企業が増加している。コロナ禍で急激に認知されたUber Eatsもクラウドソーシングの一種。

パラダイム
（科学上の問題などについて）ある時代のものの見方・考え方を支配する認識の枠組み。一般社会では「常識」などの意味で使われる。

▶ 2020年3月〜5月間のテレワーク実施率の推移

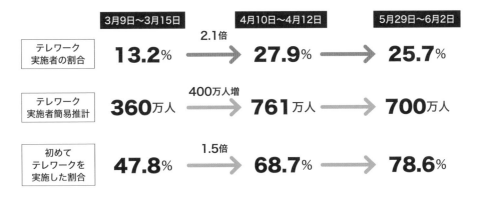

4月8日緊急事態宣言発令

	3月9日〜3月15日		4月10日〜4月12日		5月29日〜6月2日
テレワーク実施者の割合	**13.2**%	2.1倍 →	**27.9**%	→	**25.7**%
テレワーク実施者簡易推計	**360**万人	400万人増 →	**761**万人	→	**700**万人
初めてテレワークを実施した割合	**47.8**%	1.5倍 →	**68.7**%	→	**78.6**%

緊急事態宣言後に増加して徐々に普及している

出所：パーソル総合研究所「第三回・新型コロナウイルス対策によるテレワークへの影響に関する緊急調査」を基に作成

▶ 副業・複業を開始した時期

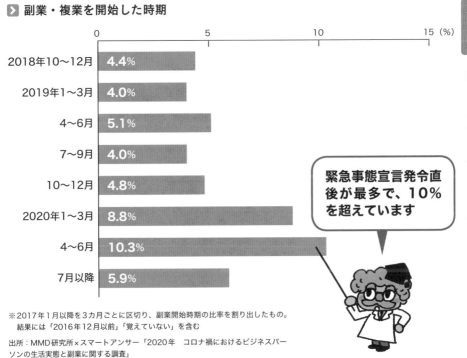

	(%)
2018年10〜12月	4.4%
2019年1〜3月	4.0%
4〜6月	5.1%
7〜9月	4.0%
10〜12月	4.8%
2020年1〜3月	8.8%
4〜6月	10.3%
7月以降	5.9%

緊急事態宣言発令直後が最多で、10%を超えています

※2017年1月以降を3カ月ごとに区切り、副業開始時期の比率を割り出したもの。結果には「2016年12月以前」「覚えていない」を含む

出所：MMD研究所×スマートアンサー「2020年 コロナ禍におけるビジネスパーソンの生活実態と副業に関する調査」

Chapter7
04

今後必要なのは「日本の適材適所」を実現できる人材サービス

人材ビジネス業界では、紹介数を増やすことによって売上を立てていました。しかし、今後人材ビジネス業界を発展させるキーワードは、マッチングの質を上げるための「適材適所」です。

新しいサービスに負けないしくみづくり

1950年代〜1960年代に起きた集団就職では、地方から都市部に大勢の若者が移動し就職しました。この集団就職は労働力をより多く確保するための手法であり、製造業やサービス業といった単純労働への就業が大半でした。労働環境は良好とはいえないケースがあり、当然、こうした環境ではすぐに離職してしまうケースも起きてしまいます。

単純労働
特別な技能・知識を必要としない労働。短期間の訓練で行うことができる。

現在は集団就職の時代に比べると風通しはよいですが、人材ビジネス業界の構造は、「とにかく多くの労働者を紹介して利益を得ること」に注力されています。

その手法では一時的な利益は増えるかもしれませんが、この様式もまた人材ビジネス業界の「重厚長大」な一面、つまり旧体制の1つです。要するに、企業や店舗が求人を行い、媒体に求人を出して、求職者が応募する。こうした求人媒体ありきの体制です。

今の体制よりも便利な求人のモデルが登場してしまうと、今の日本のシステムでは太刀打ちできなくなってしまいます。

アメリカで誕生した格安のサービス

たとえば、2004年にアメリカで開設されたIndeedは、日本の人材ビジネス業界にも参入し、広く利用されています。

このサービスは、46ページでも紹介した「アグリゲーション型サイト」と呼ばれるビジネスモデルを利用しており、日本における従来の人材ビジネスモデルに比べ、低価格で求人広告を掲載できることが特徴です。

独自の検索エンジンによって求人の検索ができるしくみで、求人広告の掲載自体は無料であり、課金をすることで検索結果の上

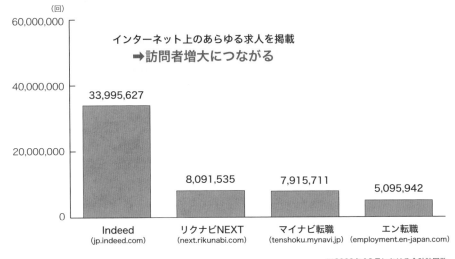

▶ 求人広告サイトへの合計訪問数

(回)

インターネット上のあらゆる求人を掲載
➡訪問者増大につながる

- Indeed (jp.indeed.com): 33,995,627
- リクナビNEXT (next.rikunabi.com): 8,091,535
- マイナビ転職 (tenshoku.mynavi.jp): 7,915,711
- エン転職 (employment.en-japan.com): 5,095,942

※2020年12月における合計訪問数
出所：SimilarWebを元に作成

▶ Indeedへの広告掲載のしくみ

無料掲載

- 掲載数や応募数に関係なく、無料で掲載ができる
  ➡求人広告の掲載費を削減することができる

- 検索結果画面では有料枠の下部に表示される
  ➡更新頻度が低い、情報が乏しいと下位表示になる

有料掲載

- 無料枠に比べ上位に表示されるため、露出度が高い
  ➡求職者の目に留まりやすい

- 日別、月別の閲覧数やクリック数を確認することができる
  ➡データがあるため対策を立てやすい

支払い方法は先払いの「チャージ制」で、チャージした予算を
使い切らない限り掲載が続く。掲載の中断も可能

位に表示されていくという流れです。

　日本では2012年にリクルートホールディングスが買収したため、現在はリクルートホールディングスの子会社として運営されていますが、こうした新しいサービスと比べても負けないサービスを、日本の人材ビジネス業界から打ち出すことが重要です。

人材の「適材適所」とは

　日本の人材ビジネス業界が打ち出すべき新しいサービスとは、人材の「適材適所化」だといえます。

　現在の人材サービスは、当然のことですが「利益が出やすい領域」のマッチングばかりが先行しており、人材サービスがカバーできている人と企業の出会いの総量はまだまだ多いとはいえません。質的な課題も山積しているため、就職してもすぐに辞めてしまい、離職問題の遠因ともなっています。企業に対して1人でも多くの応募者を提供し、求職者には1社でも多くの企業への応募を推奨する「多産多死」の弊害を抱えているのが現状です。

　これは、求職者が多い媒体、求人数が多い媒体に人は集まるものの、面と面のマッチングを最大にするだけで、アクションが増えれば増えるほど不採用数が増える構造です。その結果、多くの企業や求職者が疲弊することになります。

　そこで発生するミスマッチを減らし、求職者がスキルを活かせる採用活動を支援することが、これから人材サービス業界の中で優位性を生み出すヒントになるのです。Indeedといった海外の求人サービスはコストパフォーマンスが武器ですが、マッチングの質を高めることで、コストパフォーマスとは別の優位性を生み出す手段になり得るのです。

　たとえば、専門職に限定したネット求人広告も、この「適材適所」のサービスに含まれます。たとえば、専門職のみを扱う求人広告では、226ページで紹介するような医療系の仕事に特化したネット求人広告が有名です。

　また、障碍者雇用に特化したサイトもあります。現在は法律で障碍者雇用についての整備が進んでいますが、仕事を探す手段が少ないのが現状です。障碍者雇用に特化したサービスでは、仕事環境など独自の検索項目も充実し、ユーザーオリエンテッドな視点で成長をしています。

　ほかにも外国人採用や、女性活用、地本での採用や、中高年世代の活用など、雇用の白地を突く新しいマッチング領域は、まだまだその裾野を広げつつあります。

多産多死
質ではなく数を重視したビジネスモデルの比喩。「下手な鉄砲も数撃てば当たる」ともいえるが、その分外れた弾はもっと多くなる。元は後進国の人口モデルについて用いられた表現。

障碍者雇用
一般雇用とは異なる採用基準によって就職できる雇用枠のこと。身体障碍者手帳、療育手帳、精神障碍者保健福祉手帳の所有者をその対象とする一方で、ノーマライゼーションの観点からは、手帳を持たない障碍者への支援も求められる。

ユーザーオリエンテッド
顧客第一主義。「ユーザー＝顧客」、「オリエンテッド＝指向」。

▶ 人材ビジネスが抱える問題

企業には……	求職者には……
多くの求職者を紹介すること ばかりを優先している	多くの企業を紹介し、 たくさん応募するよう勧める

数を重視して新規事業を展開しているのが現状
➡マッチングの質は下がり、ミスマッチの回数は増える

▶ 退職経験のある求職者の退職理由

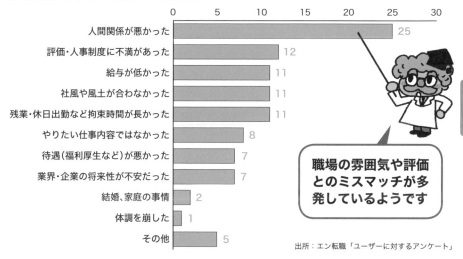

理由	人数
人間関係が悪かった	25
評価・人事制度に不満があった	12
給与が低かった	11
社風や風土が合わなかった	11
残業・休日出勤など拘束時間が長かった	11
やりたい仕事内容ではなかった	8
待遇（福利厚生など）が悪かった	7
業界・企業の将来性が不安だった	7
結婚、家庭の事情	2
体調を崩した	1
その他	5

職場の雰囲気や評価とのミスマッチが多発しているようです

出所：エン転職「ユーザーに対するアンケート」

◉ これから注目を集めるサービス

　こうした適材適所化されたサービスは、いくつか見られるものの、人材ビジネス業界全体に影響を与えるような大きな動きまでは至っていません。しかし、1つひとつの動きに注目をして動向を追っていくと、これからの展望がつかみやすくなります。

　次ページからは、現在注目を集めている「適材適所」のサービスを3つ紹介します。

自社のデータベースを活用する

「適材適所」を意識した人材サービス①

「適材適所」の具体的な手法として、業種などの条件を限定させることで、よりニーズに合ったマッチングを行うことが挙げられます。他事業で蓄積したデータを活用すると、さらに質の高いマッチングを行いやすいでしょう。

400ほどの転職サイトを運営する会社

　アスタミューゼは、2005年に設立された企業で、「新規事業開発／技術活用コンサルティング」「人材採用支援・キャリア支援」「知的情報Webプラットフォーム」の３つのサービスを中心に運営しています。人材ビジネス業界に関わるのは２つ目の「人材採用支援・キャリア支援」であり、この部門では約400個ほどの転職サイトを展開しています。

　大手人材ビジネス企業がつくる転職サイトと違う点は、専門的な知識や経験のある希少な人材をターゲットにしている点です。これは、Webプラットフォーム部門で培った独自のデータベースを活用し、約５万人の登録者を保持している点が大きな武器となっています。

　質の高い人材ビジネスを行おうとすると、どうしても求職者探しが大変ですが、独自のノウハウがあるのがこの企業のアドバンテージなのです。

運営している転職サイト

　アスタミューゼが展開する転職サイトは「転職ナビ」と呼ばれ、業種ごとにこの「転職ナビ」が細分化されています。

　たとえば、研究職に特化した「研究職転職ナビ」をはじめ、「宇宙開発転職ナビ」「太陽光発電・太陽電池・人工光合成転職ナビ」「回路設計転職ナビ」など、ほかの転職サイトでは見られないほど細かく分類されています。こうした区分が400種類に分かれているため、専門職であれば自分の専門に集中して求人広告を閲覧できるということです。

宇宙開発
宇宙空間における事業。惑星の探索、人工衛星や天体の調査・利用、ロケットの打ち上げなどが含まれる。

人工光合成
半導体などを用いて、光合成を人工的に再現する技術。

▶ 「転職ナビ」キーワード別掲載サイト

航空宇宙・海洋開発

宇宙開発転職ナビ

衛星部品、ロケット部品、衛星塔、衛星通信機器、管制システム

ロケット・宇宙航行システム転職ナビ

人工衛星、宇宙ステーション、宇宙飛行機、衛星管制システムなど

海洋資源開発・深海探査転職ナビ

海洋エネルギー、鉱物資源、メタンハイドレート、海底熱水鉱床

原子力技術開発転職ナビ

軽水炉、高速増殖炉、核燃料サイクルなど

など全46サイト

エネルギー

太陽光発電・太陽電池・人工光合成転職ナビ

CdTe太陽電池、CIS太陽電池、光触媒シートなど

再生可能エネルギー転職ナビ

太陽光・太陽熱、水力、風力、バイオマス、地熱など

低燃費車転職ナビ

研究開発、構造設計、シミュレーション、環境調査、詳細設計など

超伝導送電転職ナビ

超伝導ケーブル、磁気シールド装置、MRI、SQUID、交流・直流送電など

など全31サイト

エレクトロニクス

電子材料転職ナビ

半導体素子、発光ダイオード、偏光フィルム、センサーなど

流体解析転職ナビ

自動車業界、航空機業界、緻密機器業界、産業機械業界など

回路設計転職ナビ

ロジック設計、デジタル・アナログ設計、デザイン設計など

画像処理・音声処理技術転職ナビ

音声処理アルゴリズム、画像処理回路設計など

など全85サイト

転職ナビ：https://tennavi-job.com/

※サイト数は2020年12月9日時点のもの

専門職に特化した転職サイトを数多く運営している人材ビジネス企業です。専門的な知識を備えた人材のためのサービスを展開します

第7章　人材ビジネスのこれまでとこれから

Chapter7 06

「適材適所」を意識した 人材サービス②

障碍者雇用の求人はハローワークでも探すことができますが、求人数が少ないのが現状。そこで、障碍者雇用の求人に特化したサービスが発達しました。

障碍者雇用のネット求人広告

　atGP（アットジーピー）は、ゼネラルパートナーズが運営する障碍者雇用に特化したネット求人広告のサイトです。ほかのネット求人広告と同様に、サイト内で条件を検索して求人に応募するしくみです。2020年9月15日現在、「東京都」というフリーワードで検索すると、559件の求人がヒットします。ハローワークでも障碍者雇用の紹介をしていますが、求人数が少ないため、こういったサイトが発達していったといえます。

そのほかの人材サービス

　同社は求人広告のほかにも、障碍者専門の人材紹介サービスである「atGPエージェント」や、就労支援を行いながらその人に合った仕事を見つける「atGPジョブトレ」といったサービスも展開しています。

　後者の就労支援サービスは、それぞれうつ症状がある人に向けた「シゴトライ」、聴覚障碍がある人に向けた「いそひと」、Web制作スキルを身に付けるための就労支援サービス「atGPジョブトレIT・Web」など、6種類に分けられ、求職者は通所という形で就労支援を受けます。

福祉サービス
公的扶助による、生活の安定や充足を目的としたサービス。

　atGPジョブトレは、厳密には福祉サービスであるため、「一般企業で働くことを希望している」「精神障碍、発達障碍、身体障碍、難病などがある」「18歳以上、満65歳未満」「離職中」といった利用要件があります。

　このように、ほかの求人広告、人材紹介などでは取扱が少ない障碍者雇用という求人を専門にしている、ということも今後の人材ビジネス業界で力を伸ばす「適材適所」の1つです。

▶ アットジーピーの障碍者雇用サービス一覧

求人メディア

●atGP転職

2019年から求人の掲載情報や求人検索項目を新たに追加(各企業の障碍者の採用実績、配慮事項など)

求職者は応募先企業に「希望する配慮事項」「現在の健康状態」などを詳細に伝えることができる

転職支援サービス

●atGPエージェント

●atGP就活エージェント(新卒対象)

●atGPアスリート(競技と仕事を両立する環境づくりを含めて就職・転職を支援)

●atGPハイクラス(専門性や高キャリアに特化、主に管理部門の転職に強みを持つ)

就労トレーニング(総称して「atGPジョブトレ」)

●就労移行支援

シゴトライ(うつ病状専門)、リンクビー(発達障碍専門)、いそひと(聴覚障碍専門)、リドアーズ(統合失調症専門)、ベネファイ(難病専門)、atGPジョブトレIT・Web(Webデザイナー特化型)

●就労継続支援 ➡ アスタネ

うつ病状者が、菌床しいたけの栽培・販売を行う農業従事者として働きながら知識や能力を高め、最終的に一般就労へ移行することを目標としたサービス

就労系コンテンツメディア

●atGPしごとLABO

障碍者の就職・転職活動・仕事全般のノウハウやお役立ち情報をまとめたメディア

atGP:https://www.atgp.jp/

これらは、障碍者雇用のプラットフォームとしてサービスを充実させ、「就労意識のあるすべての障碍者に就労機会を提供する」ことを目指すことに特化したサービスです

Chapter7

07

「適材適所」を意識した人材サービス③

医療業界は、ほかの専門職に比べて規模が大きく、求人のニーズが拡大している業界です。求人広告だけでなく、キャリア情報の提供やコンサルティングなどの手法も展開されています。

医療系の職業に特化した人材ビジネス

エムスリーキャリアが運営するサービスがエムスリーサービスです。

こちらもatGPと同様に、ネット求人広告の「m3.com」、専任のコンサルタントによる紹介を受けられる人材紹介サービス「エムスリーキャリアエージェント」、さらには麻酔科医に絞った求人サイト「アネナビ！」、薬剤師に絞った転職支援サービス「薬キャリアエージェント」など、複数のサービスを展開しています。エムスリーキャリア社の場合は、サービスの種類が多く、求人広告・人材紹介だけで12種類のサービスがあります。

同社の求人広告サービスでは、勤務地や施設区分（一般病院、療養型施設、クリニックなど）、希望条件（当直なし、休日を取りやすいなど）、労働形態（フルタイムで働く「常勤」、間隔を空けて働く「非常勤」、日ごとに仕事を選べる「スポット」など）を入力し、気になった求人に応募するという流れです。

療養型施設
長期的な療養を必要とする病床（療養病床）を主とした医療施設。

キャリア形成のための情報提供サービス

さらに、同社では新規事業として、医療職に就いた人がどのようなキャリアをたどったかなどの情報が見られる「キャリア情報提供」や、医療機関へ向けた「医療コンサルティング」といったサービスも開始しています。このことから、エムスリーキャリア社が医療系の就職・転職サイトとして手広く活動していることがわかります。

こうした求人は大手の求人広告にも掲載がありましたが、エムスリーキャリア系のサービスが紹介数を増やしており、大手の求人広告の求人数が削られているという印象を受けます。

▶ エムスリーキャリアのキャリアサービス

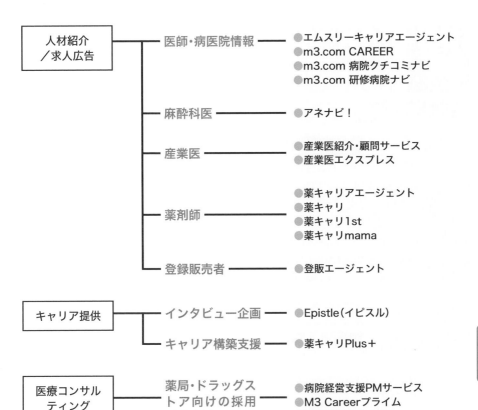

人材紹介／求人広告	医師・病医院情報	●エムスリーキャリアエージェント ●m3.com CAREER ●m3.com 病院クチコミナビ ●m3.com 研修病院ナビ
	麻酔科医	●アネナビ！
	産業医	●産業医紹介・顧問サービス ●産業医エクスプレス
	薬剤師	●薬キャリアエージェント ●薬キャリ ●薬キャリ1st ●薬キャリmama
	登録販売者	●登販エージェント
キャリア提供	インタビュー企画	●Epistle（イピスル）
	キャリア構築支援	●薬キャリPlus＋
医療コンサルティング	薬局・ドラッグストア向けの採用活動支援	●病院経営支援PMサービス ●M3 Careerプライム ●事務職紹介サービス 　病院事務職求人.com ●病院経営事例集

エムスリーキャリア：https://www.m3career.com/

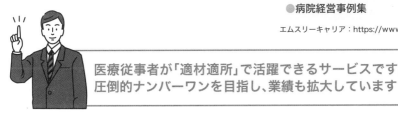

医療従事者が「適材適所」で活躍できるサービスです。業界の圧倒的ナンバーワンを目指し、業績も拡大しています

AIの技術を
人材ビジネスにどう活用するか

人事労務サービスでの人手不足の解消・作業効率化を目指すHR Techの活躍が期待されます。IT技術を駆使して社員の特性を把握する技術が一部の企業で応用されています。

IT技術を駆使したHR Tech

ヒューマンリソース
人材・人的資源、またはその管理などの略称としてのHR。人事部や人事担当役員がHRと表記されることもある。かつて人事はPersonnel Managementであったが、単なる管理に留まらない複合的な部門としてHRと呼ばれるようになった。

HR Techとは、ヒューマンリソーステクノロジー、つまり、ITの技術を「人事労務サービス」に活用するサービスのことを指します。給与計算、シフト管理といった計算に特化したサービスから、AIを利用した人事配属という大胆な活用方法まで幅広くあります。

現在、こうした技術が急激に注目を集めていることから、HR Techを取り扱う人材ビジネス企業も増えています。

特性を活かすためのHR Tech

一般的な人事業務では、融通の利く配属決定が行いづらいのが現状です。たとえば、積極的に人を動かす力があるが、肝心なときにアイデアが浮かばない社員と、よいアイデアを豊富に持っているが、人と連携を取るのが苦手で1人で仕事を抱え込んでしまう社員がいたとします。この2人が協力すればよい仕事ができそうですが、キッカケがなければ、この2人を組み合わせることができません。

HR Techの活用方法として、社員の特性の把握とマッチングというものがあります。効率よく仕事を進めるため、適性検査などで社員の特性の「見える化」を図っていくのです。

見える化
企業や組織における財務、業務、戦略などの活動実態を具体化し、客観的にとらえられるようにすること。

実際に、大手人材ビジネス企業のリクルートは、採用や配属にAIを活用するなどしています。たとえば、適性検査のデータを利用し、どの部署に配属するとその人の特性が活かせるか、どの上司の下にいると相性がよいのか、どの領域の業務が向いているのか、などを基にマッチング予測を行います。

最終的には担当者が1人1人を見て確認し、もしもマッチング

リクルートのAI活用

● データによるマッチング

どの領域？

上司との相性　　教育担当は誰？

→ データを使ってそれぞれの資質を生かした配属を目指す

● HR Tech導入のメリット

HR Techを利用することによってより多面的に検討できる

離職率の低下につながる！

適切な配属で成果が向上！

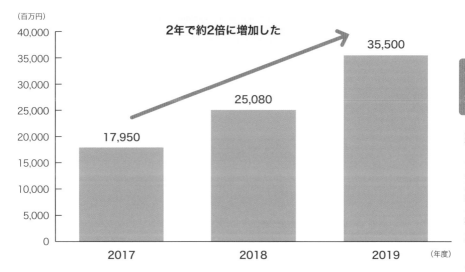 **HR Techクラウド市場規模の推移**

2年で約2倍に増加した

（百万円）

年度	市場規模
2017	17,950
2018	25,080
2019	35,500

出所：ミック経済研究所「HRTechクラウド市場の実態と展望2018年度版」を元に作成

予想が合っていないと考えたら、別の部署などに配属されます。

　現在HR Techの活用は勤怠管理などにとどまり、こうした本格的なHR Techの活用はごく少数です。しかし、人事の人手不足などを解消するカギとして、人事業務とIT技術を組み合わせた事業はこれから伸びることが予想されます。

「生涯現役」という選択肢を支援する

シニアのセカンドキャリアに注目が集まる時代

60歳で定年退職し、リタイア生活を満喫する。かつてはそういった人生設計が常識でしたが、「人生100年時代」と呼ばれる現代では、60歳を過ぎても現役で働くという選択肢が広がってきています。

「定年して引退」はもう古い

一昔前であれば、定年がくると仕事を辞め、家でのんびりと暮らすというイメージが根強くありました。しかし、内閣府が発表した「令和2年版高齢社会白書」によると、全国の60歳以上の男女のうち、「収入のある仕事をしている」と回答した人が全体の約4割、具体的には37.3%もいました。

このうち、何歳ごろまで働きたいかの事項に対して、「65歳くらいまで」「70歳くらいまで」「働けるうちはいつまでも」と回答した割合を合計すると、87%にもおよびます。

このような、働く意欲がある60代、70代のシニア世代に向けた支援が、シニアのセカンドキャリア形成です。まさに「人生100年時代」に向けた事業だといえます。

働く理由はさまざま

シニア世代が働く理由はさまざまです。

先ほどのアンケートでは、「収入がほしいから」という解答が45.4%と最多でしたが、「働くのは体によいから、老化を防ぐから」「仕事をするのがおもしろい」と回答した割合は、合わせて45.4%いました。

また、シニア世代の雇用形態は、直接雇用から間接雇用までさまざまです。仕事の経験が豊富な人が生涯現役を目指す場合、その能力が活かされるよう、人材紹介によって適切な職業が紹介されることが多いです。また、人材派遣サービスを利用して働くシニア世代には、そもそもフルタイムで働く必要がない、フルタイムで働くのは体力的に問題がある、正規で働くまでの期間に人材派遣サービスを利用している、といった理由があります。

60歳以上

従来は60歳で定年退職とされていたが、2013年の「高年齢者雇用安定法」改正により、定年退職は本人の希望により65歳まで延長できるようになった。

人生100年時代

世界で長寿化が急激に進み、先進国では2007年生まれの2人に1人が100歳を超えて生きる「人生100年時代」が到来すると予測され、これまでとは異なる新しい人生設計の必要性が説かれている。

▶ 60歳以上の労働者の就業形態

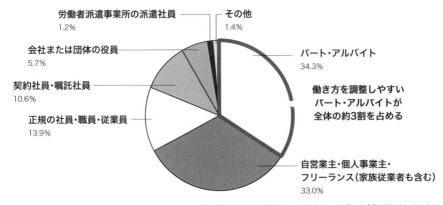

労働者派遣事業所の派遣社員
1.2%

その他
1.4%

会社または団体の役員
5.7%

契約社員・嘱託社員
10.6%

正規の社員・職員・従業員
13.9%

パート・アルバイト
34.3%

**働き方を調整しやすい
パート・アルバイトが
全体の約3割を占める**

自営業主・個人事業主・
フリーランス(家族従業者も含む)
33.0%

※小数点以下を四捨五入しているため、必ずしも合計が100にならない

出所:内閣府「令和2年版高齢社会白書」

▶ 60歳以上の常用労働者数の推移(年齢別)

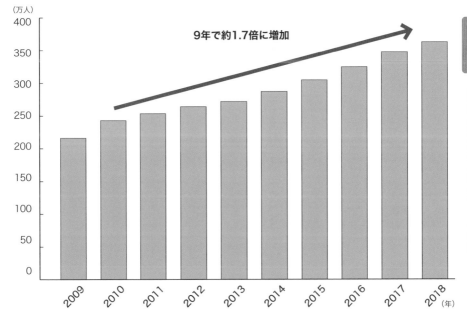

(万人)

9年で約1.7倍に増加

2009 2010 2011 2012 2013 2014 2015 2016 2017 2018
(年)

※常用労働者とは、雇用期間を定めないで雇用されている、または1年以上の期間の雇用
契約を結んで雇用されている人。正社員だけでなくパートタイム・アルバイトも含まれる。

出所:厚生労働省「高年齢者の雇用状況」を基に作成

第7章

人材ビジネスのこれまでとこれから

Chapter7 10

人材ビジネスには「産業化」が必要

人材ビジネス業界は、多くの分野が集まり成立しています。人材ビジネスが1つの産業として結束するためには、業界全体を取りまとめる協会をつくり、「産業化」を目指すことが求められます。

産業を代表した意見表明が必要

本書では、人材ビジネスを「雇用」「人事労務サービス」に分類し、また「雇用」の手法を求人広告、人材紹介、人材派遣の3つに、「人事労務サービス」を人事、労務、経理、総務などの業種と分けて解説してきました。

1つの業種だけを専門に行う企業もありますが、1つの企業が（あるいはグループ会社として）複数の業種を行うケースもあり、そういった意味では分け隔てなく見えるかもしれません。

しかし、人材ビジネス業界全体で見ると、「産業として」これらの業種が一体となり、業界全体を改善する、という動きに乏しいのが現状です。

ほかの業界、たとえば医療職の業界であれば、日本医師会が存在します。医師会は、医療職の産業を代表して政府に提言するなどを行うことで、業界全体をよりよくしていく、といった機能があります。

しかし、今の人材ビジネス業界にはそういった流れはまだ大きな潮流とはいえません。そこで、それらが業種の垣根を越えて、1つの協議会として、政府に対し提言などを行える組織をつくる必要があります。

2012年に創設された「JHR」

業種をまたいだ協会として、2012年に「人材サービス産業協議会（JHR）」が創設されています。

これは、求人広告の協会である「全国求人情報協会」、人材紹介の「日本人材紹介事業協会」、人材派遣の「日本人材派遣協会」、生産性の向上や働きやすい職場環境を目指す「日本生産技能労務

日本医師会
日本の医師資格を持つ医師のみを会員資格要件とする職能団体。任意加入だが、組織率は日本国医師資格者らの約5割強。医療や医学教育の発展を目的として幅広く公益事業を行っている。日本医師連盟は医師会内部の政治組織。

人材サービス産業協議会
健全かつ円滑な次世代労働市場を創造するため、国内の主要な民間人材サービス業界団体より出資・運営されている連携横断組織。

▶ 人材サービス産業協議会（JHR）について

2012年10月に設立された、民間人材サービス業界団体の連携横断組織。
「雇用構造の変化や新たな労働市場の要請に応え、健全かつ円滑な次世代労働市場を創造すること」をミッションとする。

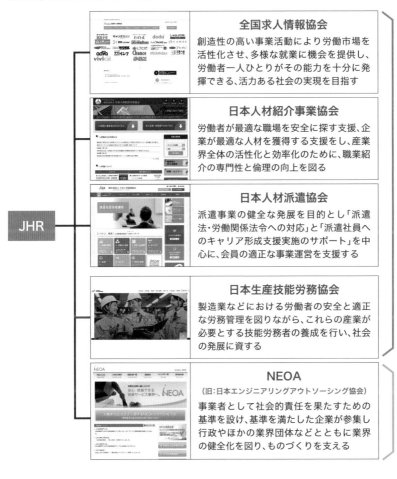

全国求人情報協会
創造性の高い事業活動により労働市場を活性化させ、多様な就業に機会を提供し、労働者一人ひとりがその能力を十分に発揮できる、活力ある社会の実現を目指す

日本人材紹介事業協会
労働者が最適な職場を安全に探す支援、企業が最適な人材を獲得する支援をし、産業界全体の活性化と効率化のために、職業紹介の専門性と倫理の向上を図る

日本人材派遣協会
派遣事業の健全な発展を目的とし「派遣法・労働関係法令への対応」と「派遣社員へのキャリア形成支援実施のサポート」を中心に、会員の適正な事業運営を支援する

日本生産技能労務協会
製造業などにおける労働者の安全と適正な労務管理を図りながら、これらの産業が必要とする技能労務者の養成を行い、社会の発展に資する

NEOA
（旧：日本エンジニアリングアウトソーシング協会）
事業者として社会的責任を果たすための基準を設け、基準を満たした企業が参集し行政やほかの業界団体などとともに業界の健全化を図り、ものづくりを支える

2011年6月、この4者で前身である「人材サービス産業の近未来を考える会」発足

2013年7月、NEOAが正会員に加盟

協会」という4つの協会が協力してできたものです。

　現在、JHRは人材ビジネス業界の地位を高めるための活動や、業界を横断した調査研究（転職賃金相場など）を行っています。こうした動きがより活発になり、人材ビジネス業界全体を牽引することで、今後「産業」として大きく飛躍していくことが期待されます。

Chapter7 11

副業・兼業の
支援体制に注目する

働き方改革の一環として、副業解禁の潮流が強くなっています。今後、採用事業の売上には、会社員の副業のマッチングも組み込まれることが予想されます。

働き方改革にも盛り込まれた副業・兼業

「働き方改革」と聞くと、労働時間の短縮や、育児と仕事の両立を目指すといったイメージが強いですが、2017年に発表された「働き方改革実行計画」には、それらの項目のほかに副業・兼業の促進について記されています。また、それに応じて2018年には厚生労働省から「副業・兼業の促進に関するガイドライン」が発表されました。

副業・兼業が注目を集めるのは、「収入を増やしたい」という動機だけでなく、「活躍できる場を増やしたい」「さまざまな分野の人とのつながりをつくりたい」という動機も挙げられます。副業・兼業を禁止する企業はまだ多いですが、伸びつつあるニーズに応え、副業・兼業をサポートするビジネスが増加しました。

ビジネスモデルは、人材紹介と同様です。副業・兼業紹介サービスを運営する人材ビジネス企業が、求職者と面談を行い、求人を出す企業を紹介するといった流れです。

企業が副業・兼業という枠で求人を出すメリットとしては、社内にはない知見や知識を取り入れられる、という点があります。副業・兼業に対する認識が変化していくと、こうしたメリットを活かした人材ビジネス企業が活躍するかもしれません。

コロナ禍以降は副業・兼業がより重視される

新型コロナウイルス感染症の影響により、売上が減少した企業が人件費を抑える動きも見られました。それに伴い収入が減り、副業・兼業を始めたいと考える人も増えるでしょう。増加傾向は、政府がガイドラインを発表した年の前後からありますが、今後はさらに副業・兼業のニーズが高まると考えられます。

副業・兼業の促進に関するガイドライン
副業・兼業を行うに際して留意するべき事項がまとめられたガイドライン。

副業・兼業のニーズ
コロナによって人材側としてはテレワークが広がり副業・兼業がしやすく、あるいは給与減少によりせざるを得ない人が増えた。また、企業側にもアフターコロナを見据えた組織・雇用形態の大規模な再編が予想され、副業・兼業として働く人材への注目はいっそう増している。

▶ 企業が兼業・副業を認めているか否かの割合

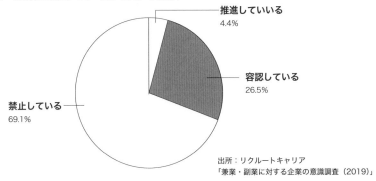

推進していいる
4.4%

容認している
26.5%

禁止している
69.1%

出所：リクルートキャリア
「兼業・副業に対する企業の意識調査（2019）」

▶ 兼業・副業を推進・容認している理由

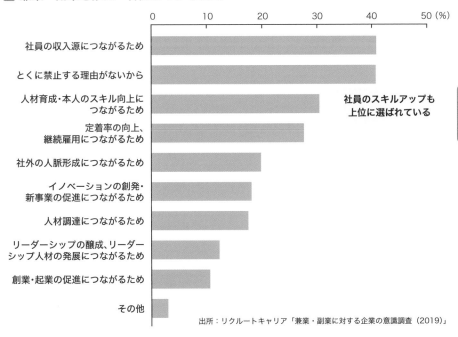

社員のスキルアップも
上位に選ばれている

社員の収入源につながるため

とくに禁止する理由がないから

人材育成・本人のスキル向上に
つながるため

定着率の向上、
継続雇用につながるため

社外の人脈形成につながるため

イノベーションの創発・
新事業の促進につながるため

人材調達につながるため

リーダーシップの醸成、リーダー
シップ人材の発展につながるため

創業・起業の促進につながるため

その他

出所：リクルートキャリア「兼業・副業に対する企業の意識調査（2019）」

今後より広がる副業・兼業のニーズに対応できるような人材
ビジネスの展開が望まれています

Chapter7
12

クラウドソーシングと
人材ビジネスの関係

アウトソーシングにもさまざまな形があります。中には、ネット上で依頼案件を掲載し、希望者が名乗り出たら依頼する、というクラウドソーシングもあり、副業・兼業を探す場としても利用されています。

アウトソーシングとクラウドソーシング

「人事労務サービス」の章でも説明した通り、従来は社内で行っていた業務を外の組織に外注する形態を「アウトソーシング」と呼びます。これと似た言葉に「クラウドソーシング」という形態がありますが、この2つはどう違うのでしょうか。

クラウドソーシングとは、群衆を意味するcrowdと、外部調達（転じて、業務委託）を表すsourcingを組み合わせた言葉です。

これは、主にインターネットを通じて、社内で行っていた業務を社外の不特定多数に公募するという方法です。

アウトソーシングの一環ではありますが、特定の企業に依頼をせず、未経験者を含む一般大衆に向けた応募である、という点が特徴的です。そのため、クラウドソーシングで出される報酬は、比較的安価であることが多いです。

インターネット上でかんたんに公募をかけられるものの、案件を受け持つ人によってスキルが大きく異なります。クオリティにバラつきがあることがあり、毎回高い品質で納品されるわけではない、という点が、クラウドソーシングのデメリットといえます。

クラウドソーシングの主なしくみ

案件の掲載は無料で行えることが主です。求職者も、無料で案件を探せます。クラウドソーシング事業者は、求人を出した企業がギグワーカーに支払う報酬のうち、一部を手数料をもらい利益を上げます。フリマアプリの収益構造をイメージするとわかりやすいでしょう。

企業が報酬を払い損ねないよう、クラウドソーシング事業者は事前に企業のクレジット与信枠を押さえることもあります。

ギグワーカー
単発もしくは短期の仕事を主として生計を立てている人。ギグ（Gig）とは音楽用語で「短いセッションや演奏」のことで、そこから派生してギグワーカーという通称が誕生した。働き方そのものを指す「ギグワーキング」という言葉も存在する。詳細は238ページでも解説。

クレジット与信枠
個人や法人に貸し出される金額上限のこと。支払い履歴などによって変化する。

▶ クラウドソーシングの流れ

	①仕事依頼・報酬仮払 →		②仕事の応募・受注 ←	
企業 (発注者)	④制作物の確認 ← →	クラウド ソーシング	③制作物の納品 ←	クラウドワーカー (受注者)
	⑤報酬の決済 →		⑥手数料を差し引いて 報酬支払 →	

 クラウドソーシングは、「企業と特定の受注者が直接的にやりとり」を行うアウトソーシングとは違い、「仲介業者が加わった上で、**不特定多数と間接的なやりとり**」を行う

▶ クラウドソーシングの仕事内容別の分類

システム アプリ開発	Webデザイン	グラフィック クデザイン	ライティング	軽作業	ビジネス (その他)
スマートフォン アプリ SNSアプリ Windows／ Macアプリ CMS作成・カート導入 HTML／CSS コーティング Webシステム サーバー構築・ 運用 データベース 管理・更新・保持	ホームページ スマホ用サイト 携帯用サイト バナー アイコン Flash Web広告 HTML／CSS コーティング	ロゴ イラスト キャラクター 名刺・カード チラシ・ポスター パッケージ・ラベル はがき・DM・封筒 カタログ・パンフレット Tシャツ	ネーミング キャッチコピー Webコンテンツ 記事・コラム リライト・校正 ブログ・メルマガ 資料・文書 翻訳	データ／テキスト入力 データ収集・分類 判断・チェック テープ起こし 閲覧・登録 アンケート ポスティング 倉庫点検	企画・授業 広告・マーケティング データ分析・統計解析 コンサルティング 音声録音 画像／写真加工・編集 動画／映像作成・編集 3Dプリント その他

🔍 主に見られる案件内容

　クラウドソーシングでは、プログラミングやライターとしての案件が多く出されています。ライター業であれば、文字単価が0.25円〜1円あたりが相場であり、クラウドソーシングで副業・兼業を行う人の報酬は月5万円程度が多いです。中には月十何万稼ぐ、という人もいますが、主な求職者は、「空いた時間に働くこと」を求める主婦（夫）や副業・兼業の層が主となります。

Chapter7
13

ギグワーカーの
メリットと問題点

単発での案件を引き受ける労働者をギグワーカーと呼びますが（236ページ参照）、フリーランスや副業と同様、労働者としての保護が手薄という課題を抱えており、今後制度の整備が進められていくと考えられます。

単発の仕事で生計を立てるギグワーカー

前ページで紹介したクラウドソーシングなど、単発の仕事を請け負って生計を立てている人のことを「ギグワーカー」と呼びます。近年では、かんたんな登録で出前配達が行えるUber Eatsなど、単発の仕事を行いやすくなりました。

こうした業務形態は、好きな時間に好きなだけ働ける、という融通の利きやすさがメリットです。さまざまな事情によりフルタイムで働けないという人にとっては、とても働きやすい形態というわけです。

しかし、ギグワーカーには社会保障や休業補償といった福利厚生がない点や、不景気が起きると案件数が減少してしまう点など、ネガティブな点もあります。

そこで、2020年6月時点において、政府はギグワーカーを国の労災保険の特別対象に含める検討を進めています。

ギグワーカーの雇用形態について

ギグワーカーは、インターネット上や知人の紹介といった形で仕事を引き受け、報酬を得ているため、仕事を依頼した企業とギグワーカーの間には雇用関係はありません。これは、日本の場合、前述したUber Eatsでも同様です。

しかし、海外では運転手（タクシーや出前配達を行う登録者）はUberの従業員であるという判例も出ています。これは、Uberのアカウントを凍結された運転手が仕事を行えなくなったとして、Uberに訴訟を起こしたケースでの判決です。

このように、まだ制度が整っていないサービスにおいて、今後は雇用形態が変化していくかもしれません。

Uber Eats
アメリカ発祥のフードデリバリーサービス。2016年に日本でもサービスが開始された。Uberというプラットフォーマー（サービスの基盤を提供する企業）によって運営されている。

▶ ギグワーカーのビジネスモデル

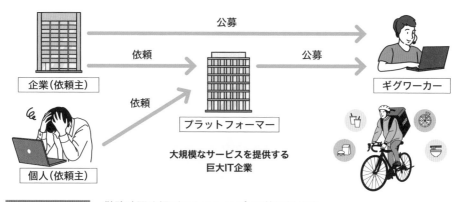

メリット	・勤務時間や場所にとらわれず、柔軟に働ける ・専門性があれば、高単価の仕事を得やすい
デメリット	・最低賃金や労災、失業手当など労働関係法令(福利厚生など)が原則適応 　されない ・専門性がないと単純で低賃金の仕事に偏りやすい

▶ Uber Eatsのしくみ

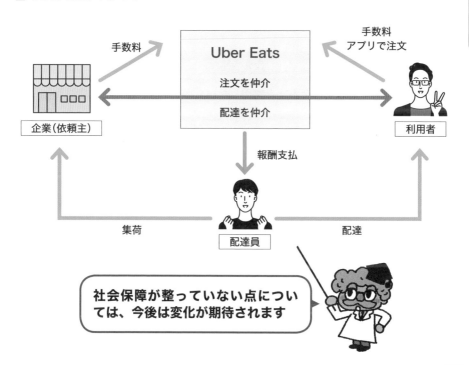

Chapter7

14

人材ビジネス業界が抱える今後の課題

本書では、人材ビジネスにおけるさまざまなビジネスモデルを紹介しました。それらの立ち位置を改めて整理し、今後どういった層に向けて展開するべきかを解説します。

ニーズから見る「今後求められるサービス」

求職者は、「自分のキャリアについて相談したい」「ニーズに合った求人に出会いたい」「アドバイスや企業に関する情報がほしい」というニーズを抱えています。これらのニーズに対応するため、全体を俯瞰して情報の偏りを埋めたり、フラットな立場でアドバイスをしたりするサービスが今後求められます。

一方、企業のニーズは「優秀な人材を手間なく安く採用する」こと。かつては低価格のサービスがなかったことから、このうちの「安く」という観点が重視されていませんでしたが、アグリゲーション型といったビジネスモデルの登場によって、「安さ」の提供が可能になりました。

買い手市場と売り手市場で動きが分かれる

「優秀な人材を採用したい」という点を採用の前提条件として考えると、企業のニーズの軸は「手間なく」と「安く」の2つです。この2つの軸で4つの領域に区切ることで、それぞれのモデルの傾向がわかります。

もっとも選ばれやすい領域、つまり第一領域となる「負荷が少なく、採用単価が安い」採用手法は、両軸のニーズを満たし、企業にとって価値が高い領域です。アグリゲーション型検索エンジンの利用が主流になるでしょう（右ページの図参照）。

「負荷は高いが、採用単価は低い」第二領域には、SNSを利用したソーシャルリクルーティングやリファーラルリクルーティングがあります。潜在的ターゲットを対象にするため、時間や負荷がかかりますが、低価格であり、転職マーケットにいなかった優秀層からの応募も期待できます。

第一領域
一般に、緊急度、重要度がともに高い問題領域のこと。緊急でない、かつ重要な領域は第二領域と呼ばれる。

ソーシャルリクルーティング
SNSを利用した採用活動。SNSの高い情報発信力と拡散力が利点。企業がSNSに投稿した内容を求職者がリアクション・シェアしてもらうことでさらに広く情報が拡散され、自社を知らない求職者へのアプローチにもつながる。

リファーラルリクルーティング
自社の社員、社外の信頼できる人脈などからの紹介や推薦による採用活動。近年は実名制のSNSが増え、人と人のつながりが可視化されたことで、リファーラルリクルーティングはさらに行いやすくなっている。

▶ 予想されるビジネスモデル

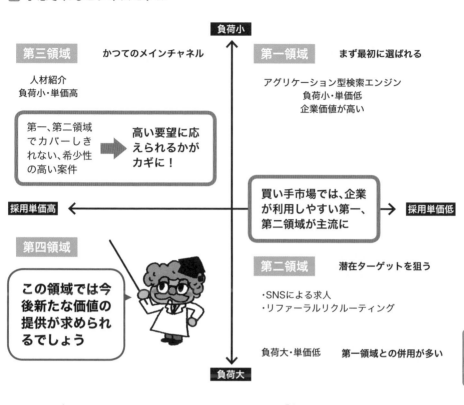

この20年間メインチャネルであった人材紹介は、「負荷が低いが、採用単価が高い」第三領域に属します。買い手市場では第一領域や第二領域が台頭するため、ここでは売り手市場の、つまり採用難易度が高い案件に絞られます。

その結果、売り手市場の人材は人材紹介モデル、買い手市場では企業と求職者が直接つながる第一領域、第一領域と併用される第二領域のモデルが主に使われるようになります。これらでカバーできない希少性の高い領域が第三領域の人材紹介に回るようになり、その高い要望に応えられることが必要になります。

さらに、今まで人材業界が提供してこなかった「安さ」という価値がテクノロジーによって可能になり、人材業界の構図は大きく変わり始めています。業界全体でこの変化に対応するために、時代にフィットした、新たな価値を生み出し提供していくことが求められています。

人材ビジネスに関する法律の年表

年	名称	背景
戦前	民法632条　請負	・労働者派遣法整備前は業務請負としていた
1945	労働組合法	・1945年、第二次世界大戦が終結。GHQによって労働、土地、資本の3つの観点から経済民主化政策が開始される。労働組合の育成は重要な柱の1つであった
1946	労働関係調整法	・労働組合による労働運動は戦後活動を再開した共産主義者などが合流する形で組織化され、1947年には2・1ストが計画されるなど次第に苛烈になる
1947	職業安定法	
1947	労働基準法	
1947	失業保険法	
1948	公務員のストライキ禁止（政令201号）	
1949	労働組合法・労働関係調整法　改正	
1959	最低賃金法	・高度経済成長期（1954～1973年）。雇用の拡大が続いて失業率は3%を切り、完全雇用が達成された ・一方で、エネルギー政策による石油への転換によって炭坑の廃坑による労働争議が勃発。地方と都市部の所得格差、公害などが顕著となった
1965	港湾労働法	
1966	雇用対策法	
1968	最低賃金法　改正　産業別、地域別最低賃金の導入	・日本がGDP世界第2位にまで成長
1972	勤労婦人福祉法	・1970年大阪万博開催。高度経済成長により女性の社会進出も増加 ・1973年にはオイルショック発生、インフレになる
1972	労働衛生安全法	
1972	警備業法	
1974	雇用保険法	・安定成長期（1974～1985年）。日本列島改造論ブームが起こる。大都市と地方の格差是正、地方の雇用対策のために大都市と地方のインフラ格差が埋められた ・主要輸出品が鉄鋼から自動車や家電へと移行。輸出産業の躍進でアメリカとの間に日米貿易摩擦が発生する
1978	最低賃金法　改正　目安制度の導入	

人材ビジネスに関連する法律を年表としてまとめました。また、法律はその時代ごとの背景を色濃く反映しているため、時代背景も理解する必要があります。そこで、法律の制定・改正と同年代の出来事もまとめました。

年	名称	背景
1985	労働者派遣法 男女雇用機会均等法	・バブル景気(1986〜1990年) ・1990年のバブル崩壊後はリストラブーム、就職氷河期により失業者が急増 ・人材ビジネスの需要が高まり派遣法の規制が緩和されていく
1988	港湾労働法　改正 港湾労働者雇用安定センターの設立	
1993	パートタイム労働法	・1999年に派遣労働の雇用機会の拡大と保護強化を目的とした国際労働機関(ILO)第181号条約に日本が批准。これを受けて派遣法が改正され、大幅な規制緩和 ・就職氷河期に見舞われた若年層を中心に非正規雇用の労働者が激増した
1999	労働者派遣法　改正 ネガティブリスト化 男女共同参画社会基本法 派遣先指針(平成11年労働省告示第138号) 派遣元指針(平成11年労働省告示第379号)	
2000	労働者派遣法　改正 紹介予定派遣の解禁	・2001年の小泉改革、日銀の量的金融緩和、早期退職などの人件費削減、非正規雇用の拡大が賃金低下を促し、消費性向は回復したものの、内需の本格的な成長には至らなかった ・非正規雇用の労働者が増加した一方、高所得者層のヒルズ族がもてはやされ、格差社会が話題となった
2007	労働契約法　改正 無期転換申込権の導入	
2008	日雇派遣指針(2015年厚労省告示395号)	・2008年にリーマンショックが発生し、「年越し派遣村」など派遣切り問題が顕在化
2012	労働者派遣法　改正 規制強化、派遣労働者の保護	・2012年安倍政権、「アベノミクス」の金融緩和により急速な円安、株高が起こり2013年3月には日経平均株価がリーマンショック以前の水準に戻る ・第三の矢(民間投資を喚起する成長戦略)として人材活用にも注力。「全員参加の成長戦略」「世界に勝てる若者」「女性が輝く日本」などが掲げられた
2015	労働者派遣法　改正 全事業で派遣を許可制に	
2018	働き方改革関連法	

人材ビジネスに関わる法律一覧

人材ビジネス業界で働くにあたって知っておきたい法律をまとめました。
また、法律は時代に合わせて変化するため、
代表的な改正とそのポイントも押さえておきましょう。

労働基準法

労働条件の最低基準を定める法律。憲法第27条第2項に基づいて制定されたもので、1人でも労働者を使用する会社は順守しなくてはならない。

労働者の保護を目的として、労働契約や賃金、労働時間、休日、年次有給休暇、災害補償、就業規則などの労働条件についての最低基準を定めている。

1987年 改正

・週法定労働時間を短縮(48時間から40時間)
・変形労働時間制の導入(フレックスタイム制など)
・事業場外、裁量労働についての労働時間の算定に関する規定

1993年 改正

・週法定労働時間40時間制の施行
・最長1年単位の変形労働時間制の導入

時間外労働、休日労働についての割増賃金率の政令事項化・休日労働についての割増賃金率の引上げ(35%へ変更。時間外労働については25%で据え置き)。

1998年 改正

・裁量労働制の拡大

経済のグローバル化・情報化に対応するとともに、終身雇用や年功序列などの日本的雇用慣行の相対化に対応する。

2003年 改正

・健康・福祉確保措置と苦情処理措置について規定する義務
・1998年改正によって導入された企画業務型裁量労働制の拡大

企画業務型裁量労働制は1998年改正における導入時から同様の義務あり。

2019年 改正

・長時間労働の是正

時間外労働の上限を原則「月45時間」「年360時間」以内と規定する。

労働組合法

労働者が労働組合をつくり、会社と話し合いができることなどを保証した法律で、団結権・団体交渉権・団体行動権など労働三権が規定されている。労働条件や職場環境改善の申し立て、不当なリストラへの撤回の申し立てなどが主な活動内容で、会社が団体交渉に応じようとしない場合は集会、デモ、ストライキも行えるよう保証されている。ただし、公務員はこれに限らない。

1949年に全面改正が行われたことから、制定当時の労働組合法は「旧労働組合法」とも呼ばれる。

1949年　改正

制定当時の旧労働組合法を全面改正し、現行の労働組合法となった。

2005年　改正

・不当労働行為審査の手続きや体制についての措置

集団的労使紛争（労働者組合と使用者との間で発生する紛争）にまつわる審査が長期化している問題点を改善する目的で改正された。

労働関係調整法

労働関係の公正な調整、労働争議の予防・解決のための手続きが定められている法律。行政機関である労働委員会が、あっせんや調停、仲裁といった労働争議を統制する手続きが明記されている。

労働者派遣法

労働者派遣事業の適正な運営の確保に関する措置を講ずるとともに、派遣労働者の保護などを図る法律。

制定当時は一部の特殊技能を要する13業種のみについて一時的に外部から労働者を拝借する手段として派遣事業が認められた。

1986年　施行・改正

・施行から3カ月後に可能業種が3つ追加される

・派遣先の受け入れ期間制限は1年間

追加された業種は機械設計、放送番組などの演出、放送器械などの操作。

1996年　改正

- 可能業種は26業種のみ
- 派遣先の受け入れ期間制限は1年

正社員に代替できない専門性の高い業務を中心に、対象業務を機械操作・財務・貿易・研究開発などの専門26業種に拡大。

1999年　改正

- 可能業種は5業種を除き全業種(ネガティブリスト化)
- 派遣先の受け入れ期間制限は1年間(専門26業種を除く)

禁止業種として指定されたのは、建築・港湾・警備・医療・製造。就職氷河期世代の受け皿として派遣が期待され、派遣可能業種を原則自由化した。

2000年　改正

- 紹介予定派遣の解禁

派遣先に直接雇用されることを前提とした紹介予定派遣によって、採用におけるミスマッチ回避が可能になる。

2004年　改正

- 4業種を除き全業種可能になる(製造業も派遣可能に)
- 受け入れ期間制限について専門26業種以外の業種が3年へと延長された

自由化業務での派遣期間を3年に延長、さらに専門26業種については派遣期間を無制限にした。

2012年　改正

- 日雇派遣の禁止
- グループ企業派遣の割合を8割以下に制限
- マージン情報提供が義務化
- 労働契約申込みみなしの創設

リーマンショック後の派遣問題を受けて、派遣労働者の保護が強化された。

2015年　改正

- すべての労働者派遣事業を許可制に
- 派遣先の受け入れ期間制限は全業種3年
- 事業所単位の制限も加わり、同一の事務所で3年
- 派遣終了時の雇用安定措置を派遣元に義務付け
- 派遣元に派遣労働者の計画的な教育とキャリアコンサルティングを義務付け

特定派遣事業と偽って一般派遣事業を実施する事業者がいたため、すべて許可制とした。
さらに、業務内容によって期間制限が異なっていたことから現場が混乱するという問題点があった。
そのため、事業所単位・個人単位での期間制限に統一して契約期間をわかりやすく改正された。

2020年 改正

・不合理な待遇・賃金格差の是正
派遣スタッフと正社員の間での格差是正のため、同一労働同一賃金の実現が目指された。

とくに、派遣スタッフの賃金決定方法について、派遣先均等・均衡方式、労使協定方式のどちらかを選択しなければならないことで厳格化された。

最低賃金法

　労働者の労働条件、生活水準の向上・安定を図るために、賃金の最低限の金額を保障し、その決定方法を定めた法律。現在、最低賃金の額は中央最低賃金審議会という会議にって審議されたのち、各都道府県の最低賃金審査会の調査審問によって決定されている。

　最低賃金には、産業や職種を問わずすべての労働者に対して与えられる「地域別最低賃金」と、地域別最低賃金よりも高い賃金を設定するべきと定められた特定の産業に従事する労働者に対して与えられる「特定最低賃金」の2種類がある。

労働安全衛生法

　労働者を災害から守ることを目的とした法律。職場における労働者の安全・健康を確保するとともに、快適な職場環境の形成を目指すもの。

　事業者らが措置を講じるべき対象（爆発物や発火物による危険、精密工作などの作業方法による健康被害など）が設定されており、作業内容や現場の規模によっては職場の安全と衛生を確保する役割を担うスタッフの配置も義務付けられている。

労働契約法

　労働契約の理念・原則や就業規則が変更になる場合の労働条件など、労働契約についての基本的なルールを明確化するための法律。労働者の保護を図りながら個別の労働関係を安定させることに役立つ。

　労働基準法が最低労働基準を定め、罰則によってその履行が確保されるのに対し、労働契約法は使用者と労働者の個別労働関係紛争を解決するために民法の特別法として整備されたもの。

職業安定法

　ハローワークなどの公共職業紹介・指導事業の設置運営そのほかによって国民の勤労権確保・労働者の需給調整を図る社会保障法。派遣事業法制定までは民間による派遣事業を禁止していた。

2018年　改正

・労働契約の締結までに正しい労働条件の明示が必須
・明示が必要な項目に「試用期間」「固定残業代の内訳」などが追加
・労働条件の変更に伴う手続きの変更

この改正で追加された明示が必要な項目としては、「募集者の氏名または名称」や、人材派遣としての契約の場合はその旨がある。

港湾労働法

　港湾労働者の雇用の改善などを目的に制定された法律。
　1965年の制定時にはコンテナを使用した効率的な荷役が発達したことで雇用が不安定になった。しかし、危険の多い仕事であり、日雇労働者への依存が強かったことから制定された。
　1988年には全面改正され、港湾労働者雇用安定センターの設置で雇用の改善が図られた。

警備業法

　警備業務の適正・改善を図ることを目的に制定された法律。
　警備業の事業者は、欠格事由にあたらないことへの認定を都道府県公安委員会から受ける必要がある。

働き方改革関連法

　正式名称は「働き方改革を推進するための関係法律の整備に関する法律」。通称「働き方改革一括法」とも呼ばれる。この法律により、労働基準法、労働安全衛生法、雇用対策法など8つの法律が改正され、女性や高齢者の活躍、同一労働同一賃金が図られた。

男女雇用機会均等法

1972年に制定された勤労婦人福祉法を改正する形で制定された。

雇用における性差別をなくし、男女を問わない平等な機会の確保を目的とした法律。募集や採用、配置、福利厚生などさまざまな面において男女の平等を定めるほか、セクシャルハラスメント防止のため、事業主の雇用管理を義務付けている。

ただし、男女間の差を解消するための「ポジティブ・アクション」は差別に該当しない。女性が差別を受けず、家庭と仕事の両立を目指すことも目的の1つ。

男女共同参画社会基本法

男女共同参画社会の形成を総合的・計画的に推進するために制定された法律。男女共同参画社会とは、男女が社会の対等な構成員として自らの意思であらゆる分野で参画する機会を確保されることで、1人ひとりの豊かな人生の実現を目指す社会のことを表す。

雇用に関してのみ規定している男女雇用機会均等法に対し、男女共同参画社会基本法は、国の制度や政策など社会活動全般に関する理念・基本方針を示している。

パートタイム・有期雇用労働法

1993年に制定された「短時間労働者の雇用管理の改善等に関する法律」が働き方改革関連法によって改正され、正式名称が「短時間労働者及び有期雇用労働者の雇用管理の改善等に関する法律」に変更された。通称「パート労働法」とも呼ばれる。パート・アルバイトなどの非正規雇用者を保護する。

失業保険法

労働者が失業した際、政府が保険者となり、失業者に失業保険金を支給し、生活の安定を図る法律。ただし、失業保険金の支給には雇用期間の長短、年齢、離職の要因などに応じて変化する。

索引

著者紹介

黒田　真行（くろだ　まさゆき）
ルーセントドアーズ株式会社 代表取締役

1988年リクルート入社。2006～2013年まで転職サイト「リクナビNEXT」編集長。リクルートエージェントネットマーケティング部部長、リクルートメディカルキャリア取締役を歴任。2014年ルーセントドアーズを設立。35歳以上向け転職支援サービス「Career Releease40」を運営。2019年、ミドル・シニア世代のためのキャリア相談特化型サービス「CanWill」を開始。また、日本初の35歳以上専門の転職支援サービス「Career Release40」を運営。著書に『35歳からの後悔しない転職ノート』（大和書房）、『転職に向いている人 転職してはいけない人』（日本経済新聞出版）、『人材業界の未来シナリオ』（クロスメディア・パブリッシング）など。

ミドル世代の転職支援サービス「Career Release40」http://lucentdoors.co.jp/cr40/
ミドル世代のキャリア相談「CanWill」https://canwill.jp/

- ■装丁　　　　　井上新八
- ■本文デザイン　株式会社エディポック
- ■本文イラスト　チビはな、植木美江
- ■担当　　　　　伊藤鮎
- ■DTP　　　　　竹崎真弓（株式会社ループスプロダクション）、
　　　　　　　　太田紗矢香
- ■編集　　　　　榎元彰信（株式会社ループスプロダクション）

図解即戦力（ずかいそくせんりょく）

人材ビジネスのしくみと仕事（しごと）がこれ1冊（さつ）でしっかりわかる教科書（きょうかしょ）

2021年 5月 4日　初版　第1刷発行	
2024年 7月23日　初版　第3刷発行	

著　者　　　黒田真行（くろだまさゆき）
発行者　　　片岡　巌
発行所　　　株式会社技術評論社
　　　　　　東京都新宿区市谷左内町21-13
　　　　　　電話　　03-3513-6150　販売促進部
　　　　　　　　　　03-3513-6160　書籍編集部
印刷／製本　株式会社加藤文明社

©2021　黒田真行

ISBN978-4-297-11910-2 C0034　　　　　Printed in Japan

◆ お問い合わせについて

・ご質問は本書に記載されている内容に関するもののみに限定させていただきます。本書の内容と関係のないご質問には一切お答えできませんので、あらかじめご了承ください。

・電話でのご質問は一切受け付けておりませんので、FAXまたは書面にて下記問い合わせ先までお送りください。また、ご質問の際には書名と該当ページ、返信先を明記してくださいますようお願いいたします。

・お送りいただいたご質問には、できる限り迅速にお答えできるよう努力いたしておりますが、お答えするまでに時間がかかる場合がございます。また、回答の期日をご指定いただいた場合でも、ご希望にお応えできるとは限りませんので、あらかじめご了承ください。

・ご質問の際に記載された個人情報は、ご質問への回答以外の目的には使用しません。また、回答後は速やかに破棄いたします。

◆ お問い合せ先

〒162-0846
東京都新宿区市谷左内町21-13
株式会社技術評論社　書籍編集部
「図解即戦力
人材ビジネスのしくみと仕事が
これ1冊でしっかりわかる教科書」係
FAX：03-3513-6167
技術評論社ホームページ
https://book.gihyo.jp/116